한일관계사

-한일 대립은 언제 끝날 것인가.
과연 관계 개선은 가능할까-

기미야 다다시 지음 | 이원덕 옮김

일러두기

1. 이 책의 일본 인명과 지명은 국립국어원 외래어 표기법에 따라 표기하였다.

2. 서양 지명 및 서양 인명은 영어 표기를 기준으로 했다.

3. 책 제목은 『』, 잡지나 신문은 《 》, 소설이나 노래, 영화와 드라마 등은 〈 〉로 표시하였으며, 이외의 인용, 강조, 생각 등은 따옴표를 사용했다.

4. 이 책은 산돌과 Noto Sans 서체를 이용하여 제작되었다.

목차

서장. 한일관계의 현상과 그 역동성   5

1장. 한일관계 '전사': 1875~1945년   15

  1. '서양의 충격'과 한일관계: 대칭성에서 출발   18

  2. 근대화를 둘러싼 협력과 대립: 지배·피지배로의 귀결   22

  3. 일본의 식민지지배와 그 귀결: 궁극의 비대칭성   28

2장. 냉전 시기 한일관계의 '탄생': 1945~1970년   43

  1. 한일관계의 초기 조건   45

  2. 한일 국교 정상화 교섭 I: 1950년대   50

  3. 한일 국교 정상화 교섭 II: 1960년대   67

  4. 한일관계의 '1965년 체제': 경제협력과 안전보장   81

  5. 국민 차원에서 본 한일 '1965년 체제'   89

3장. 냉전의 변용과 비대칭적 상호 보완적인 한일관계:

  1970·1980년대   99

  1. 미중·중일의 화해와 북한을 둘러싼 한일관계   101

  2. 미국의 관여 축소와 한일관계: 한미일 관계에서 한일관계로?   112

  3. 한일의 비대칭성과 시민사회 간 관계의 맹아   123

  4. '포스트 박정희 시대'의 한일관계   134

  5. 비대칭적인 한일 협력과 대칭화의 여러 측면   146

4장. 냉전 종언과 대칭적 한일관계의 도래: 1990·2000년대　　161

　1. 한일관계의 구조 변용: 비대칭에서 대칭으로　　163
　2. 냉전 종언과 한반도에의 '배당': 남북관계의 개선과 한계　　180
　3. 한일 역사 문제의 부상　　187
　4. 한일 파트너십 선언: 대칭 관계의 '이상형'　　194
　5. 북한의 핵미사일 문제: 공통 위협에 대한 상호 보완적 협력　　209

5장. 대칭적이고 상호 경쟁적인 한일관계로: 2010년대　　229

　1. 역사 문제의 '확대재생산': '위안부' 문제와 '강제징용' 문제　　232
　2. 북한 정책: 목표의 대칭성과 방법의 비대칭성　　244
　3. 미중 대국 간 관계: 신냉전에의 대응인가 구냉전의 해체인가?　　251
　4. 역사 문제에서 경제·안전보장의 대립 경쟁으로?　　261

종장. 한일 간 '선의의 경쟁'은 가능한가?　　271

　에필로그　　279
　참고문헌　　284
　한일관계 연대표　　302
　옮긴이 후기　　307

서장. 한일관계의 현상과
그 역동성

스가 요시히데 수상(왼쪽)과 문재인 대통령(제공: 스가 요시히데
수상-Carl Court/Getty Images. 문재인 대통령-Handout/Getty Images)

전에 없던 긴장감의 고조

2020년 8월 28일 아베 신조安倍晋三 수상은 지병 악화를 이유로 사임을 표명했다. 아베 정권하의 한일관계는 박근혜 정권과 정상회담조차 열지 못한 상황이었으나, 한일 국교 정상화 50주년이었던 2015년 말, 현안이었던 '위안부' 문제에 관한 한일정부 간 합의가 발표되면서 관계 개선의 여지가 보였다. 하지만, 합의 과정에서 피해자에게 어떠한 양해도 구하지 않았다는 점을 이유로 한국의 지원단체, 그리고 한국 사회는 합의를 인정하기보다는 비판하는 자세를 취하고 있다.

박근혜 대통령이 탄핵·파면되면서 진보 자유주의파인 문재인 정권은 합의를 파기하지는 않았지만 '합의로는 문제 해결이 될 수 없다'라며 합의를 이행하려 하지 않았고, 합의를 바탕으로 성립된 '화해·치유 재단'도 해산시켰다.

게다가 다시 한번 일격을 가하듯 2018년 10월 30일, 한국 대법원은 일본 기업이 '강제징용자'에게 피해 배상할 것을 판결했다. 그로부터 2년 이상이 지난 현재, 판결을 집행하기 위한 일본 기업의 재한국 자산 현금화 조치가 이루어지려는 가운데, 양국 정부 사이에 긴장이 고조되고 있다.

2020년, 한국과 일본 모두 코로나19라는 위기에 직면하면서 일단 '휴전' 상태가 되었지만, 정부 간 타협이 이루어지지 않으면, 판결대로 현금화 조치를 진행할 수밖에 없다. 일본 정부는 1965년 한일 국교 정상화와 동시에 체결되었던 한일 청구권 협정에 반하는 '국제법 위반'이라고 하여 판결에 대한 비판의 목소리를 높이고 있으며, 만약 현금화 조치로 일본 기업에 피해가 간다면 그에 상응하는 보복을 취하겠다고 주장하고 있다. 그렇게 될 경우, 아마도 한국에서는 관민 모두 일본에 대한 보복행위에 나설 것이고 한일관계는 단번에 아수라장이 될 것이다. 이를 우려해서일까, 한국에서는 좀처럼 현금화 조치를 진행하지 않는 분위기이며 상황에 따라서는 현금화를 차기 정권으로 넘기지 않을까 하는 추측도 나오고 있다.

한일관계의 구조 변화-비대칭에서 대칭으로

필자는 1980년대부터 한일관계를 관찰해왔다. 대부분 정·재계 만이 한일관계를 독점해왔던 1970년대까지는 애초에 한일 간에 자유로운 인적 교류가 없었으며, 더욱이 서로에 대해 이해할 기회도 없었기 때문에, 중대 사건을 계기로 관계가 한순간에 악화하기도 했다.

1980년대 이후, 국력과 체제 가치관의 접근, 교류 기회의 증대에 힘입어 한일 상호 이해가 가능한 조건이 정비되어왔다. 그런데도 한국과 일본 정부뿐 아니라 여론이 지금과 같이 대립하는 상황은 별로 없었다. 특히, 일본 사회에 이렇게까지 한국에 대한 강경론이 두드러지는 것은 어떤 의미에서 놀랄 만한 일이다.

솔직히 말하자면 적어도 1990년대에 필자는 한일관계의 미래에 관하여 꽤 낙관적으로 생각하고 있었다. '한국과 일본이 비슷한 존재가 되고 교류가 깊어지면 관계 개선으로 이어질 것이다'라는 소박한 생각이 배경에 있었다. 그런 측면이 부분적으로 없지는 않으나, 적어도 현재 상황은 그러한 낙관론을 배신하는 모습이다.

한국과 일본 사이에 몸을 두고 한일관계를 관찰해온 필자로선, 왜 이렇게까지 관계가 악화했나 재고해볼 필요를 절실히 느끼고 있다.

이 책은 이러한 문제의식을 바탕으로 쓴 것이다. 다만, 최근의 사건들만이 관계 악화의 원인이라고 보는 시각을 넘어서, 주로 1945년 이후 한일관계가 '비대칭에서 대칭으로' 변화함에 따라 한국과 일본이 각각 어떻게 대응했는가 하는 측면이 중요하다는 점을 강조해 나갈 것이다.

국제관계의 변화

75년 이상의 시간 동안 애초에는 정·재계에 한정되었던 한일관계가 사회·문화 등 다양한 영역으로 확대되어 갔다. 게다가 밀접도를 늘려 농밀한 관계를 구성한다. 한국발 문화가 이토록 일본 사회, 더욱이 국제사회에 받아들여진 것은 솔직히 말해 놀라움 이상의 것이다. 또한, 냉전의 종언, 그리고 한국의 민주화를 거친 1990년대 이후는 한국과 일본 모두 시민사회가 중요한 행위자로 등장하고 있다. 특히, 일본이 과거 한국을 침략 지배했다는 역사가 있는 만큼 한국 사회는 역사 문제에 민감하고, 시민사회 간의 관계도 중요한 구성요소가 되었다.

더욱이, 한일관계는 스스로만으로 존재한다고 보기보다는 한일을 둘러싼 국제관계로 이루어진다.

무엇보다도 한국과 일본은 냉전 시기는 물론이고 그 이후도 미국과의 동맹 관계를 공유한다. 바꾸어 말하자면, 한일관계의 상당 부분은 한미일 관계로 구성된다. 따라서, 대미동맹의 공유가 한일관계에 어느 정도로 영향을 미쳤는가, 또한 그것이 시기적으로 어떤 식으로 변화해왔는가에 중점을 두는 것은 한일관계의 분석에 있어 필수 사항이다.

다음으로, 북한의 존재이다.

한국은 남북 분단 체제에서 북한에 대한 체제 우위를 외교적 목표로 설정하고, 이를 위해 일본의 협력이 절실했다. 일본도 아시아의 반공 진영을 강화하고, 일본의 안전보장을 확실히 하기 위해 한국에 협력해왔다. 일본과 협력에 힘입어, 한국은 경제 발전과 정치적 민주화를 실현하고 북한에 대한 체제 우위를 확보했다.

하지만 그 후의 남북관계는 한국 주도의 통일을 향한 평화공존의 제도화로 곧바로 진행되지는 못했다. 한일을 사정거리에 두는 북한 핵미사일 개발, 일본인 납북 문제, 한일 국교 정상화 등 남북관계나 한일관계를 구성하는 여러 가지 요소는 한일관계에도 중대한 영향을 미쳤고, 앞으로도 그럴 것이다.

마지막으로, 중국의 존재이다.

중국은 북한을 돕기 위해 한국전쟁에 참전하여 국제연합UN군과 싸운 것처럼, 한국과 일본에 있어 '적성 국가'였다. 하지만 1972년에 중일 국교 정상화, 1992년에는 한중 국교 정상화에 의해 관계를 심화시켜 정치·경제에 있어 중요한 파트너가 되었다. 이후 중국의 대국화, 그리고 미국과 중국 관계가 대립으로 변화하면서, 한국과 일본은 이에 어떻게 대응할 것인가 선택을 강요받고 있다. 이에 따라 미중관계 변화가 한일관계에 영향을 미치게 되었다.

이처럼 한일관계와 그를 둘러싼 국제관계의 변화가 한일 양 정부와 국민의 선택을 통해 한일관계를 변용시켜 왔다. 이 책에서는 이러한 한일관계의 전개 과정을 분석하는 것으로 '한일관계가 왜 이렇게까지 악화하였을까'라는 문제를 다시 생각해봄과 동시에 '그렇다면, 어떤 식으로 대응하는 것이 바람직한가'라는 문제를 생각하는 데 필요한 소재를 제공하고자 한다.

책의 구성

이 책의 구성은 다음과 같다.

먼저 1장에서는 1945년 이후의 한일관계를 논하는 전사前史로 1945년 이전 시기를 개관한다. 구미 열강에 의한 '서양의 충격'을 공유한 한국과 일본이 왜 '일본에 의한 조선 지배'라는 비대칭으로 귀결되었는지 고찰한다.

2장에서는 1945년 한일관계의 개시부터 1970년까지, 냉전의 최고조기, 양국이 험난한 교섭을 통해 국교를 정상화함으로써 '경제협력에 의한 상호 안전보장을 확실히 한다'라는 한일 협력의 기본 구조가 형성되는 과정을, 또 그에 대한 비판도 시야에 두면서 살펴보고자 한다.

3장에서는 1970~1980년대, 중국을 둘러싼 국제관계의 변용 등으로 동아시아 냉전이 데탕트로 이행되고 마침내 종언을 향해가면서 보완적인 협력 관계에 한일이 어떻게 대응하고, 어떤 결과를 불러일으켰는가, 단순히 정부와 재계만의 관계였던 한일관계가 시민사회를 포함한 풍부한 관계로 변화했는지를 논의한다.

4장에서는 1990~2000년대, 냉전의 종언, 한국의 선진국화 및 민주화로 '비대칭에서 대칭으로'라는 구조 변화를 이뤄낸 한일관계가 북한의 핵미사일 개발이나 한일 간의 역사 문제에 어떻게 대응해왔는가, 그 귀결은 어떠했는지를 살펴본다.

5장에서는 2010년대에 들어서서 대칭화되는 한일관계의 경쟁적 측면이 한층 더 부상하는 가운데 그를 둘러싼 미중 대립 격화가 심각해지면서, 한일은 어떠한 대응을 선택했는가, 또 어떻게 선택의 기로에 서게 되었는지를 살펴보기로 한다.

종장에서는 이상의 고찰을 바탕으로 현재의 한일관계의 어려운 국면을 타개할 지혜를 짜내기 위한 논의를 전개하면서 이 책을 마무리 짓는다.

1장. 한일관계 '전사':
1875~1945년

1940년 식민지 통치 시대의 조선총독부(제공: 아사히 신문사)

1945년에 이르기까지의 역사

전후 한일관계의 '전사前史'로서 근대 이후의 일본과 한반도와의 관계에 대하여 개관하고, 그것이 전후 한일관계에 어떠한 초기 조건을 형성하였는지 고찰한다. 다만, 어디까지나 '전사'이기 때문에 필요한 최소 정도만 기술하려 한다.

1910년 '한국병합조약'에 의해 일본제국은 대한제국을 병합하여 1945년까지 식민지배를 감행했다. 그야말로 한일관계는 지배·피지배라는 아주 비대칭적인 관계가 된 것이다.

이러한 비대칭성은 각자의 역사 기술에서도 그대로 반영되어왔다.

일본 근대사의 해석이나 교육에서 한반도의 비중은 그렇게까지 크지 않다. 하지만 그에 비해 한국 근대사의 해석이나 교육에 있어 일본 비중은 매우 크다. 한국 근대사 해석에 관해서는 한국 국내에서 여러 논쟁이 존재하나, 어찌 되었든 '일본'을 빼고 이야기할 수 없다고 해도 과언이 아니다. 이러한 역사 해석이나 역사교육에 있어 비대칭성이 오늘날의 한일 간 역사 문제나 교과서 문제의 배경에 존재한다.

애초부터 비대칭적이었던 것은 아니다. 적어도 1880년대까지는 한일 모두 공통의 위협에 직면하여 그것에 어떻게 대응할 것인가라는 공통 과제를 안고 있었다는 의미에서 대칭성을 가지고 있었다. 또 그 공통 과제는 협력하여 헤쳐 나간다는 선택지도 현실적으로 존재했다.

하지만 결과로서 그러한 선택은 한일 모두에게 적용되지 않았다. 뿐만 아니라 일본은 조선을 침략하고 지배하기에 이르렀다. 대칭성에서 출발했지만 궁극적으로 비대칭성을 내포한 관계로 귀결했다.

이러한 역사를 서로 어떻게 생각하는가. 현재의 한일 간에 깊게 자리한 역사 문제의 직접적인 기원은 일본이 한반도를 지배했다는 사실과 그것을 둘러싼 평가에 있다는 점을 고려하면, 먼저 한일관계의 '전사'로서 1945년에 이르기까지의 역사를 고찰할 필요가 있다.

1. '서양의 충격'과 한일관계: 대칭성에서 출발

'개국'을 둘러싼 차이

19세기 후반, 구미 제국주의 열강은 일본과 조선에 공히 '개국'을 강요했다. 한일의 애초 대응은 '쇄국'의 연속인 '개국'의 거부라는 점에서 공통된다. 일본에서는 '존왕양이', 조선에서는 '위정척사'라는 슬로건을 제창했다. 양쪽 모두 '서양은 사악한 존재이기 때문에, 이를 배제하고 스스로 자기 고유의 옳은 문화를 지킨다'라는 의미이다. 하지만 조선과 일본이 놓인 상황은 다음 두 가지 점에서 다르다.

첫째, 도쿠가와德川 막번 체제와 조선 왕국이라는 정치 체제는 특히 중앙집권의 정도에 큰 차이가 있다.

도쿠가와 막번 체제는 그 후의 메이지明治 일본과 비교해도, 또한 동시대의 조선과 비교해도 현저하게 지방분권적인 체제였다. 사람들에게 '나라'란 '번'을 의미하는 것으로 에도江戸 말기에 이르기까지 '일본'이라는 나라의 정체성은 희박했다. 여러 다이묘大名를 통제하는 막부의 권력은 강대했지만, 각 번의 독립성이 높았다. 그에 비해, 조선은 훨씬 중앙집권적이었다. 독립성이 높은 지방 권력은 존재하지 않았고, 이른바 권력은 수도 한성(현 서울)에 집중되어있었다. 다만, 이것은 지방에 대한 중앙의 우위를 의미하는 것으로, 귀족에 대한 국왕의 절대적 우위를 의미하는 것은 아니었다는 점에 유의할 필요가 있다.

중앙집권적 체제를 가지고 있던 조선이 구미 열강의 개국 요구라는 위기에 일치단결하여 대응하는 데 용이했다. 다만, 중장기적으로 보았을 때, 위기에 대해 유연한 선택이 어려웠을 것으로 생각된다. 위기에 직면했을 때, 새로운 권력자가 빠르게 지방에서 발흥하여 메이지유신을 단행한 이후 '개국'을 시도하며 구미 열강에 대항하는 새로운 중앙집권 국가가 구축된 일본과는 대조적이었다.

둘째로 '대륙과 연결된 반도'와 '대륙과 떨어진 열도'라는 다른 지정학적 조건에 기반하는 중화 질서의 '안'과 '밖'이라는 차이가 있다.

역사적으로 중화 질서에 근거한 조공 시스템에 편입되어있었던 조선에 비해, 일본은 중국과는 거리를 두고 중화 질서 밖에 존재하고 있었다. 조선이 처한 지정학적 차이는 '서양의 충격' 차이로도 나타났다. 초기에는 구미 열강의 일본에 대한 압력이 조선에 대한 압력보다 강했다고 할 수 있다. 이러한 차이는 단적으로 일본과 조선의

'개국' 시기의 차이로 반영되었다. 일본의 '개국'이 1853
년 페리호의 내항을 계기로 이뤄진 반면, 조선의 '개국'은
일본의 개국보다 20년 이상 늦은 1876년, 일본에 의한 개
국압력의 요구를 받아 이뤄졌다. 물론 조선에도 구미 열
강의 개국압력은 있었다. 그 압력에 대해 조선은 뿌리치
기에 성공했다고 할 수 있다.

이러한 조선과 일본의 차이는 구미 열강의 개국압력
의 강도와 조선과 일본의 저항 강도에 의한 함수로써 설
명될 수 있다. 일본의 조기 개국이 강한 개국압력과 약한
저항으로 설명되는 반면, 상대적으로 늦은 조선의 개국
은 약한 개국압력과 강한 저항에 의한 것으로 설명될 수
있다.

조선과 일본의 공통 목표

1870~1880년대, 조선과 일본 양국은 국가 체제를 개선
하여 근대화를 달성함으로써 구미 열강의 압력에 저항한
다는 목표를 공유하고 있었다.

확실히 일본에는 메이지유신 전후, 요시다 쇼인吉田松
陰이나 사이고 다카모리西鄕隆盛 등에 의한 '정한론' 주장

이 있었고, 조선에 대한 공격적이면서도 침략적인 언설(말)이 존재했다. 그를 통해 이미 일본은 '조선을 내려다보고 있었다' '침략 대상으로 보고 있었다'라는 견해가 있다. 하지만 일본이 그렇게 '생각하고 있었다'라고 단정하기보다는 위기적 상황에서 혼란을 겪는 와중에 여러 가지 선택지를 모색했던 것으로 봐야 하지 않을까.

반대로 말하면, 일본의 안전보장에 조선이 얼마나 중요한 위치를 점하는가의 인식을 반영한 것이다. 일본에 적대적인 세력이 한반도에 대한 영향력을 가질 경우, 일본은 그 위협에 상당히 노출될 뿐만 아니라 직접적으로 심각한 위협이 될 수 있다는 것이다. 따라서, 일본의 안전보장을 위해서 한반도에 적대적인 세력이 영향력을 가지지 않도록 하는 것이 중요하다고 인식한 것이다.

그렇다면, 조선에 일본이란 어떤 존재였는가. 일본이 조선에 적대적인지 아닌지의 문제 인식은 그렇게 강하지 않았다. 그런 의미에서 상호의 안전보장 인식에는 괴리가 있었다.

하지만, 조선은 중국, 러시아라는 대국과 직접 대면하고 있었기에, 그 대응과 관련하여 일본의 협력을 얻을 수 있을까의 여부는 생사가 걸린 중요한 문제였다. 바꾸어 말하자면 일본은 조선의 존재 그 자체가 중요했던 반면, 조선은 일본의 협력 여부가 중요했다고 볼 수 있다.

그런 의미에서 조선과 일본은 '서양의 충격'에 대한 대응과 관련하여 경쟁적이었으나 동시에 공통된 처지였다. 그리고 그 출발점은 대칭적이었다.

2. 근대화를 둘러싼 협력과 대립: 지배·피지배로의 귀결

인식의 차이

그 후, 일본의 조선 인식은 자국의 안전보장에 조선이 점하는 중요성을 전제로 하면서도, 한편으로는 구미 열강의 압력에 저항할 수 있을 정도로 조선이 근대화하여 국력을 증강하길 원하고 있었다. 또 다른 한편으로 그러한 희망이 충족되지 않는 경우, 일본 스스로 조선을 실질적으로 지배하며 조종하는 선택도 포기할 수 없다는 이중성을 지녔다.

1880년대 중반까지는 전자에 중점을 두었다. 조선의 개화파(청으로부터의 자주독립과 근대화를 목표로 하는 사람들)가 추진하는 근대화를 통한 국력 강화에 기대를 걸고 연대를 모색했다. 그 상징이 후쿠자와 유키치福沢諭吉와 김옥균의 연대이다. 이것은 1884년 갑신정변으로 정점에 달했다. 하지만 조선의 개화파에 의한 정권 탈취는 일단 실패로 끝났다. 이후로 조선에서 일본과 제휴(연대)로 조선 근대화를 기획한 정치 세력은 소수파로 전락했다. 조선에서는 자국의 생존, 안전보장을 위해서 근대화를 통한 국력 강화가 필요하다는 인식은 공유되고 있었다. 그리고 그것을 자력으로 행할 것을 기본으로 하면서도 어떤 주변 국가와 연대해야 할 것인가의 문제에 직면한 것이다.

다만, 어떠한 특정의 외국 세력과의 제휴를 강화하여, 그 배타적 영향에 놓인 것은 결과적으로 독립을 저해하는 결과를 초래하기 때문에 여러 외국 세력과 균형을 유지하면서도 그 힘을 적절히 이용할 필요가 있었다. 지리적으로 접하고 있는 존재인 일본, 청(중국), 러시아가 직접적 협력 대상이 되었다. 그중, 어떤 국가와의 협력을 우선할 것인가를 두고 조선 국내에서는 대립이 존재하였고, 더욱이 그 기회를 이용하는 방식으로 조선에 대한 영향력을 둘러싼 3개국 간의 대립이 전개되었다.

이러한 대국 간 국제정치적 역학의 귀결이 1894년 발발하여 다음 해인 1895년에 일본 승리로 끝난 청일전쟁과 그 10년 후인 1904년에 발발하여 1905년에 일본 승리로 끝난 러일전쟁이었다. 청일전쟁과 러일전쟁에서 일본이 승리를 거둠으로써 조선에 대한 일본의 상대적 우위가 확립되었다.

일본은 자국의 안전보장에 매우 중요한 조선이, 경쟁 대상이며 위협이기도 한 청나라, 러시아의 배타적 영향에 놓이는 것이 국가 존망이 걸린 위기라고 의식하고 있었다. 조선에서 갑오농민전쟁·동학당(동학농민운동)에 의한 내란을 틈타 조선에 대한 우위를 차지할 목적으로 청일전쟁에 돌입했다. 이 전쟁에서 승리를 거둠으로써 적어도 청에 대한 일본의 우위를 확보했다. 그런데 이번에는 러시아의 영향력이 확대되었다. 역시 조선에 대한 상대적 우위를 다투기 위해 발발한 러일전쟁에서 이겨 일본의 우위를 확보했다. 더 나아가 조선에 대한 일본의 배타적 영향력은 미국과 '가쓰라·태프트 협력(밀약)'(1905년)을 맺어 확고히 할 수 있었다. 일본 근대사에 있어 청일·러일전쟁의 승리는 지금까지, 일본보다도 강대국이라고 불리었던 청나라나 러시아에 대한 일본의 승리이며, 일본이 생존을 확보하고, 구미 열강과 어깨를 나란히 하는 대국을 지향하는 중요한 계기가 됐다고 해석할 수 있다.

'조선의 근대화는 아무래도 기대하기 어렵다. 지금 이대로 놔두게 되면 조선은 청나라·러시아의 지배하에 놓이게 된다. 그렇게 되면 일본의 안전보장에 중대한 위기가 된다.' 이러한 배경에 따라 일본은 조선에 대한 배타적 영향력 확보를 목표로 삼게 되었다. 이 같은 일련의 과정은 일본의 안전보장 정책으로 귀결하였다.

하지만 한반도 상황에서 보면 다른 얘기가 된다.

조선의 근대화를 통한 자립의 가능성을 망쳐버린 장본인이 다름 아닌 일본이었다. 그런데도 일본은 마치 일본이 없으면 조선이 청나라나 러시아에 지배당했을지도 모른다고 말한다. 그것은 스스로 침략행위를 정당화하는 것에 불과하다. 자국의 안전보장을 목적으로 했다는 것은 구실이 될지 모르지만, 결과적으로 일본은 조선의 자립, 근대화의 기회를 박탈했으며 그 자체만으로도 도의적으로 정당화될 수 없는 침략행위이다. 게다가 애초에는 구미 열강에 대항하기 위해 협력하자는 자세를 취해놓고, 차츰 그 협력을 포기했을 뿐 아니라 오히려 침략이라는 '배신' 행위를 했다. '안심시켜놓고 속여서 틈을 타

침략했다'라는 점에서 국가로서의 도의성을 문제시하는 것이다. 그러므로 일본은 원래 조선에 대한 침략 야욕을 지니고 있었고, 그러한 야욕에 따라 계획적으로 조선을 침략하여 지배한 것으로 해석할 수 있다.

식민지화라는 역사적 경위

이러한 인식의 차이가 일본의 식민지화의 과정을 어떻게 보는가, 특히, 그 위법성을 어떻게 볼 것인가 하는 문제의 배경이 된다.

한국 병탄을 자국이 추구한 안전보장 정책의 부득이한 귀결로 보는 일본은 그 위법성 여부에 대한 문제의식을 별로 갖고 있지 않았다. 그리고 일부 '친일파'(일본의 지배를 적극적으로 받아들인 사람들로 '민족의 배신자'로 낙인찍혔다)를 회유하여 '병합'이라는 형태로 지배권을 확보했다.

그에 대해 한국과 북한에서는 일본의 식민지배 과정을 놓고 도의에 반한 측면을 문제시하며 그것을 '위법성' 개념으로 비판한다. 지배당하고 싶지 않다는 조선의 의지에도 불구하고 그 의지에 반하여 무리하게 무력을 동원하여 지배하기에 이르렀다고 보고 있다. 그것이 바로 '위법'이라는 판단으로 연결된다. 식민지지배 그 자체의 위법성뿐 아니라 식민지지배에 이르기까지의 과정의 위법성을 왜 계속 한국과 북한이 문제시하는가. 그에 대하여 일본은 이 문제에 대해 왜 '둔감'한가. 이 배후에는 이러한 역사관의 괴리가 존재하고 있다.

조선의 형식적인 자립을 인정한 후에 일본의 배타적 영향력을 행사하는 방식, 구체적으로 말하면, 조선을 '보호국'으로 하는 가능성은 남아있었다. 실제로 이토 히로부미伊藤博文 등은 오히려 이러한 방식이 일본의 영향력을 저비용으로 행사할 수 있다고 주장했다. 하지만 그러한 일본의 움직임에 대해 조선의 저항운동이 고조되던 중, 일본에서는 '보호국'으로 형식적 독립을 유지한 채 실질적인 지배하에 놓는 것으로는 불충분하다고 여겨 형식적인 독립마저도 빼앗음으로써 지배를 관철해야 한다는 의견이 압도적이었다. 결국 '한국병합조약'이라는 이름으로 양국 정부의 합의에 근거해 병합한다는 방식이 취해졌으나 실질적으로는 강제에 의한 지배를 관철한 것으로 봐야 할 것이다.

그에 대해 이 병합은 강요된 위법한 것이라는 의견이 조선 민족에 의한 항일 독립운동에서 널리 공유되었다.

이러한 의견은 1950년대 이후의 한일 국교 정상화 교섭 당시 한국 정부 입장으로도 계승되었다.

이렇듯 조선의 자립적 근대화를 일본은 부정했다. 그로부터 1세기 이상 지난 지금도 남북한과 일본 사이에 가로 놓인 역사 문제로서 이러한 경험은 여전히 살아있다.

3. 일본의 식민지지배와 그 귀결: 궁극의 비대칭성

식민지 사회의 구성

1910년부터 1945년까지 35년간의 일본의 식민지지배 특징으로 다음의 세 가지를 지적할 수 있다.

첫째로 바다를 끼고 있다고는 하지만 가까웠기 때문에 일본에서 한국으로 상당수의 사람이 이주하여 거주했다는 점이다.

이주는 1910년 이전부터도 진행되었으나, 1910년 이후에는 일본에서 조선으로 이주하는 인구가 급증하였고, 최고조기인 1940년대 초에는 약 75만 명의 일본인이 조선에 거주했다. 조선인 인구는 일본 통치기에는 대체로 2천만 명에서 3천만 명 사이로 추정되기 때문에 전 인구의 3퍼센트 정도를 차지한다.

이주 일본인이 식민지 조선 사회 속에서 상층부의 위치에 있었다는 사실은 말할 나위도 없다. 조선총독부의 고급 관료가 대부분 일본인이었고, 식민지 지주·소작의 관계나 자본가·노동자 관계 등 사회 경제 영역에서도 일본인이 우위를 점하고 있었다. 따라서 '이민족異民族 지배'라는 성격을 지니고 있었던 것은 틀림없다.

그렇다고 해서, 조선인 지주와 조선인 자본가가 없었던 것은 아니다. 특히, 조선의 공업화에 따른 공장 경영, 기업 경영에 의한 자본가도 적잖이 존재했고, 그중 일부는 해방 후 한국의 경제 발전을 견인하게 되었다. 그런 의미에서 '민족자본'은 육성되고 있었다. 다만, 그러한 '민족자본'이 성장하기 위해서는 일본의 식민지 권력과 대립하기보다는 일본과 상당 정도 양호한 관계를 유지하고 이용할 필요가 있었다는 점은 유의해야 한다.

개발과 경제 발전

둘째로는 일본의 지배 통치 기구인 조선총독부는 통치 기구로서 치안 기능을 담당한 것은 물론이고 동양척식주식회사와 같은 국책 회사와 함께 식민지 조선의 공업화 등을 '정부' 주도로 하였고, 조선의 '경제 발전'을 기획하는 '개발지향형 국가developmental state'로서 역할을 했다.

식민지 조선은 일본을 중심으로 하는 국제 분업 체제에 편입되어, 특히 1930년대 이후, 일본의 대륙침략이 본격화하면서 조선은 병참 기지화하였고, 전쟁 수행에 필요한 군수 물자를 생산하여 공급하는 역할을 담당하게 되었다. 그 결과, 식민지지배를 통한 조선의 공업화, 근대화가 이뤄졌다.

이 문제와 관련된 논쟁이 그 후, 한국이 개발도상국에서 빠져나와 경제 발전을 달성한 것을 두고, 1980년대 이후 '식민지 근대화(공업화)론colonial modernization(industrialization)'이라는 형태로 국내외에서 인식되었다. 일찍이 한국에서는 일본의 식민지지배는 조선을 '수탈'한 것으로 근대화를 저지하고 경제적 침체를 초래했다는 논의가 지배적이었다. 그에 대해 식민지 조선에서 공업화나 경제 발전이 있었다는 사실에 주목하여 그것을 실증적으로 입증하고 동시에 식민지지배하의 조선의 발전과 1960년대 이후 한국의 경제 발전 사이에 어떠한 공통적인 패턴이 존재한다는 점에 주목한 것이 '식민지 근대화(공업화)론' 이다.

통계에 따르면 식민지지배기(1912~1939년)의 국내총생산GDP 연평균 증가율은 광공업, 전기 가스 및 건설업에서 각각 9.4퍼센트, 9.2퍼센트였다. 특히, 1930년대에 들어서 증가율이 더 커지고 1939년에는 각각 13.5퍼센트, 14.5퍼센트를 기록했다. 이것은 1960년대의 성장률과 거의 필적할 만한 수치였다. 다만, 이러한 경제 발전에 따라 식민지 조선 사람들의 생활 수준도 그에 비례하여 상승했는지는 별개의 문제이다. 일본인과 조선인이라는 민족 차이, 더욱이 같은 조선인 사이에서도 계급에 따른 차이가 있었고, 그 저변에 있는 소작농이나 공장 노동자가 경제성장의 결실을 누렸다고 말하기는 어렵다. 실제로, 특히 1930년대 후반 이후는 전시 체제하에 있었기 때문에, 일본 본국에서도 비슷하긴 했으나, 조선에서 인당 음식 섭취 열량은 낮아졌다.

이러한 '식민지 근대화(공업화)론'을 둘러싸고 그에 대해 반박하는 유력한 논의가 한국 국내에서 제기되었다. 또한, 반대로 일본 일부에서는 식민지 근대화론에 '편승'하여 '일본의 식민지지배는 조선의 경제 발전에 공헌했다'라는 '속설'적인 의견도 제기되었다. 이처럼 식민지 조선의 경제를 어떤 식으로 평가해야 할지의 문제는 한국 국내와 한일에 걸쳐 제기되는 이슈이며 오늘날의 한일 간 역사 마찰의 배경을 이루고 있다.

또한, 약간 다른 논의로, 식민지 조선에서 종래의 전통적인 규범이나 가치관 대신에 근대적인 규범이나 가치관이 수용된 사실에 주목하고 있는 '식민지 근대성Colonial Modernity' 논의도 제기되었다. 일본의 식민지지배 시기가 전통사회에서 근대사회로의 이행기와 겹치기 때문에 식민지 조선과 '근대'와의 관계를 어떻게 생각할 것인가 하는 식민지지배에 대한 평가와 함께 논쟁적인 주제를 제공하고 있다.

조선인 내부에서의 균열

세 번째 특징으로 지배하는 '일본인'과 그에 저항하는 '조선인'이라는 민족적 균열이 식민지 조선 사회에 각인된 것은 물론, 조선인 내부에서도 일본의 지배에 상대적으로 협력하였는가, 혹은 저항하였는가의 차이, 더욱이 근대화나 공업화에 따른 계급적인 균열이 존재했다는 점이다.

이러한 사회적 균열은 항일운동에 있어 좌우 대립에 반영되었고, 독립 후 국가의 존재 방식을 둘러싼 좌우 대립의 배경이 되었다. 한반도에서 남북 분단 체제는 미국과 소련의 분할 점령과 미·소 대립에 그 기원을 두고 있지만, 그에 호응하는 내부의 균열이 식민지 조선 사회에도 이미 존재하고 있었다는 점은 무시할 수 없는 사실이다.

또한, 일본의 지배에 어느 정도로 적극적으로 협력했는가를 두고 한국과 북한에서는 '친일파' 문제가 제기되었다. 일본의 식민지지배를 대한제국 때부터 적극적으로 추진한 사람들은 물론이고, 일본의 식민지지배 과정에서 총독부의 관료나 헌병이 되어 통치와 관련된 행위에 가담한 사람들, 더욱이 일본의 식민지 권력과의 '협력' 관계를 이용하여 '축재', '자본축적'을 한 사람들 등 일본의 식민지 권력과 상대적으로 '가까웠던' 사람들이 해방 후 한국과 북한에서 '친일파', 더 확실히 표현하자면 '민족의 배신자'로 비판 대상이 되었다. 그러한 비판이나 단죄가 어느 정도 철저하게 진행되었는가 혹은 그렇지 못했는가, 더욱이 식민지 시기의 정치 경제 엘리트와 해방 후의 정치 경제 엘리트의 사이에 어느 정도 연속성이 있는가 등의 문제는 기본적으로는 한국의 국내 문제이지만 한일관계에도 중대한 영향을 미치는 이슈로 부상했다.

'무단통치'기

이러한 특징을 가진 식민지지배는 대체로 세 시기로 분류된다.

1기는 1919년에 이르기까지의 시기로 무력에 의한 '무단통치'로 항일운동을 물리적으로 탄압하면서 지배를 확립한 시기이다. 그 결과는 1919년 3·1 독립운동의 발발이었다. 경제적으로는 토지조사사업이 실시되어 토지소유권이 확정됨으로써 식민지 지주·소작제도가 정착된 시기였다.

3·1 독립운동은 1차 세계대전 후에 미국의 윌슨 대통령이 제창한 민족 자결주의에 자극을 받아 독립선언문을 기초起草하여 국제사회를 향해 조선 독립을 널리 선포했다. 100만에서 200만의 조선인이 이 운동에 참여함으로써 조선 내부에서 독립운동이 고양되었기 때문에 조선총

독부는 그것을 폭력적으로 탄압할 필요가 있다고 생각했다. 한국에서는 그 결과 7,509명의 사망자가 발생했다는 것이 정설이나 일본의 관헌 자료에 따르면 희생자는 그의 10분의 1 이하라고 기록되어있다.

3·1 독립운동은 탄압을 받았지만 그를 계기로 중국 상하이에 '대한민국 임시정부'라는 '망명정권'이 수립되었다. 임시정부에서 종래의 군주제가 아닌 공화제가 재빠르게 채택되었다는 점이 특징적이었다. 이것은 1948년 대한민국에도 그대로 계승되었다. 대한민국 임시정부는 당시 주요국에 의해 국제적으로 승인된 것은 아니었다. 2차 세계대전 말기에 '대일선전'을 포고하였으나 후에 연합국의 일원으로 인정받지는 못했고, 국제정치상 특필해야 할 중요한 역할을 담당했다고 말하기는 어려웠다. 그런데도 중일전쟁 발발과 함께 중국 국내 거점을 전전하다가 최종적으로 충칭重慶을 거점으로 대한민국 임시정부가 존속하게 되었다는 사실은 한국 현대사에서 적지 않은 중요한 의미를 지닌다. 결과적으로 실현되지는 않았지만, 샌프란시스코 강화 회의에 한국의 초대와 평화조약에 서명국으로서의 가능성이 한때나마 논의된 것은 대한민국 임시정부가 존재하고 '대일선전'을 포고하였기

때문에 가능한 일이었다.

더욱이, 현재 한국에서는 대한민국의 기원을 1948년 분단국가로서 이승만 정부의 수립에 두는 종래의 정통한 역사관과는 달리, 분단 이전인 1919년 대한민국 임시정부에서 그 기원을 찾아야 한다고 요구하는 역사관이 제시되고 있다. 전자는 어디까지나 '자유민주주의'에 근거한 반공 국가 한국이라는 국가의 상태를 강조하는 것이고, 주로 보수파의 역사관을 보여주는 것인데 반해, 후자는 분단되기 이전의 통일국가를 기원으로 봐야 한다는 견해로, 진보 자유파의 역사관을 보여준다.

'문화통치'기

2기는 이른바 '문화통치'라고 불리는 1920년대로, 무력에 의한 탄압뿐만이 아니라 일정의 범위 안이긴 하지만 회유적 지배 정책을 취한 시기이다.

조선총독부는, 1910년대에는 항일독립운동을 일체 불허하고, 강제적으로 탄압하는 '무단정치'를 기본 방침으로 하고 있었다. 하지만 그것이 3·1 독립운동의 빌미를 제공했다는 '반성'을 바탕으로 피지배 민족인 조선 민족에 대해 탄압 일변도가 아닌 회유라는 방법을 통해 조선어 미디어를 허용하는 등 일정의 '활동 공간'을 부여함으로써 식민지지배의 안정화를 꾀하려 했다. 더욱이, 그러한 정책 배경에는 식량문제를 해결하기 위해 조선을 일본의 식량 공급기지로 사용하기 위한 '산미증식계획'이 있었다. 1920년대에 들어서면서 일본이 공업화나 경제 발전을 함에 따라 일본 국내 생산에 의한 식량 공급이 수요에 따라가지 못했기 때문에 조선을 일본 중심의 국제 분업 체제 속에서 식량 공급기지로 삼았으며, 그를 통해 적극적인 경제적 동원을 꾀했다.

한편, 1923년 관동대지진 당시 '조선인이 우물에 독을 탔다'라는 유언비어 등으로 많은 조선인이 일본의 관료나 민간의 '자경단' 등에 의해 살해당하는 비극이 발생했다. 희생자는 수백 명에서 수천 명에 이른다고 추정되나, 최근 일본에서는 이러한 역사적 사실을 부정하려 하는 움직임도 나타나고 있다. 이것은 당시 일본 사회에 적지 않은 조선인이 거주하고 있었다는 점, 그런데도 일본 사회에서 그러한 민족적 소수자가 '위험한 차별 대상'으로 취급받고 있었다는 사실을 말해준다.

또한, 1917년 러시아혁명의 성공으로 사회주의의 영향력이 중대함과 동시에 항일운동에서도 좌우 분화가 생겼고, 그 이합집산이 전개되었다. 거기에는 조선총독부에 의한 분단 공작이 작용했다. 그리고 공공연한 형태의 항일 독립운동은 조선 내부에서는 존재하기 어렵게 되었고, 많은 사람이 해외에서 활동할 수밖에 없었다. 미국에서 활동했던 이승만, 중국에 대한민국 임시정부를 수립한 김구 등이 대표적이다.

'전시 총동원체제'기

3기는 만주사변이나 중일전쟁 등을 통해 일본의 대륙침략이 본격화하는 시기이며, 조선이 대륙침략의 병참기지가 되고 전시 총동원 체제에 편입되는 시기이다.

조선 자체는 전쟁터가 되지 않았으나, 일본의 전쟁 수행을 위해 많은 인적·물적 자원이 동원되었다. 특히, 전시에는 일본의 노동력 부족을 보충하기 위해서도 한반도 출신의 노동력이 상당 정도 강제를 수반하는 형태로 동원되었으며, 최고조기에는 약 200만 명이 일본에 체류하며 노동했다고 추정된다.

국가총동원법으로 강제징용이 조선에 적용된 것은

1944년이었으나, 그 이전인 1939년부터 조선의 노동력을 일본 국내에 동원하는 노무 동원이 본격적으로 실시되었다. 그리고 이러한 노무 동원은 탄광 노동 등 열악한 환경에서 이루어지고 있었다. 이러한 문제를 둘러싸고 본인의 의사에 근거한 '외화벌이'와 같은 형태가 많았고, 강제는 없었다고 보는 견해에 따르면 2018년 이후, 일본 정부는 '옛 조선반도 출신 노동자'라는 용어를 사용해야 한다고 주장하고 있다. 명확하게 '강제징용'의 대상이 된 '징용공'의 정의에 딱 부합하는 수는 한정적이지만, 1939년 이후 이루어진 노무 동원에 강제적인 요소가 있었다는 점은 부정할 수는 없다.

또한, 부분적이긴 하지만 조선인을 군사적으로 동원하는 일도 있었다. 우선 1938년 이후, 지원병 모집이라는 형태가 있었고, 1944년부터는 조선인에게도 징병제도를 적용했다. 전후 후생성의 조사에 따르면 군인 군속으로 동원된 조선인은 36만 명에 달했다. 그러한 사람 중에서는 전후, 연합국 군에 의한 재판에서 B, C급 전범으로 단죄되었고, 그중에는 처형당한 사람도 있다.

또 전쟁 수행의 일환으로 일본군 '위안부' 제도가 설치되어 조선인 여성이 적어도 자신의 의사에 반한다는 의미로 '강제적으로' 동원되었다. 전체적으로는 수만 명 규모의 일본군 '위안부'가 동원되었으나, 그중 절반에 조금 미치지 않는 정도가 조선인 여성이었다고 추정된다. 이러한 사실은 그 이전부터도 어느 정도 알려져 있었으나, 1990년 이후 한국의 민주화나 전시하의 여성 인권을 둘러싼 국제 규범 확립 등의 변화로 한국에서 전 '위안부' 여성의 '증언'이 줄을 이으면서 현재화되었고, 한일 간 정치 문제로 대두되게 되었다.

이상과 같이 식민지지배 그 자체에 기인하는 측면도 있으나, 특히 일본이 전시 체제에 돌입하여 식민지 조선에 대한 동원의 강도가 강해짐으로써 오늘날 한일 역사 문제의 직접적인 기원이 되는 '강제동원' '위안부' 등의 문제가 현재화한 것이다.

동원된 사람들의 수가 어느 정도인지 그 동원의 강제성이 어느 정도였는지를 두고, 한일 간의 의견에 괴리가 있다. 한국 정부나 사회에서는, 예를 들어 '위안부'가 최대 20만 명에 달한다고 극단적으로 보는 쪽이 있는가 하면, 일본 정부나 사회의 일부에서는 상대적으로 적게 보는 경향이 있다. 더욱이, 한국 정부나 사회에서는 상당 정도의 비율로 강제성이 있었다는 것을 근거로 거의 모든 경우에 강제성이 있었다고 해석하는 경향이 있는 데 반해, 일본 정부나 사회의 일부에서는 강제성이 낮았다는 일부 사람이 존재하는 것을 근거로 전체적으로 강제성에 대하여 의문을 제기하는 경향이 있다. 이러한 차이도 한일 간 역사 문제의 원인이 되고 있다.

한편, 조선이 중일전쟁의 병참기지가 된 것은 전쟁에 필요한 물자를 조선에서 생산한다는 의미이다. 특히 지하자원이 풍부한 한반도 북부에서는 중화학공업화가 추진되었다. 그러한 점에서 식민지 조선에서 상당 정도의 공업화가 추진된 것은 확실하다. 다만, 이것은 어디까지나 일본의 전쟁 수행을 위한 것으로 조선 자체의 자립적인 산업구조가 형성된 것은 절대 아니다. 오히려 비대칭적인 관계 속에서 일방적으로 이용당한 것으로 봐야 한다.

또한, 이러한 총동원 체제의 하나로 조선인을 일본인으로 '동화'시키기 위한 정책이 펼쳐졌다. 일본 내지와 조선과의 일체화를 의미하는 '내선일체화'를 위해 조선인도 천황 지배의 신민으로 가르치는 '신민화 교육'이 강화되거나 조선인의 성을 일본식 성으로 바꾸는 '창씨개명'도 실질적으로 강제되었다.

다만, 이러한 '동화' 정책이 일본인과 조선인을 동등하게 취급했다는 의미는 아니다. 오히려 그보다는 전쟁 수행을 위해 필요한 조선의 인적·물적 자원을 가능한 한 동원하기 위한 수단에 불과했다. 그렇기에 조선인의 민족성을 말살하는 것이었다고 후세로부터 평가받아도 어쩔 수 없는 것이다.

1965년 6월 22일 한일기본조약 조인식에서 관계 공문을 교환하는 시나 에쓰사부로椎名悦三郎 외무대신(우)과 이동원 외무부 장관(제공: 아사히 신문사)

전후의 재출발

1945년 8월 15일, 일본의 패전으로 조선은 일본의 지배에서 해방되었다. 하지만 한반도에는 약 70만 명의 일본인이, 만주에는 그 이상인 약 200만 명의 일본인이 거주하고 있었으며, 그들 중 일부는 육로, 한반도를 통해 일본으로 건너왔다. 조선총독부는 정치 기구로의 기능을 상실하였지만, 이주를 위한 최소한의 행정 기능을 담당해야만 했다.

다만, 해방 이후 조선인 정부가 성립되어 즉시 독립이 달성된 것은 아니다. 이미 연합국인 미국과 소련 사이에서는 조선에 관해 북위 38도선을 기준으로 이남을 미국이, 이북을 소련이 각자 분할 점령하는 것으로 합의되어 있었다. 그러한 미국과 소련의 분할 점령 이후, 전후 세계 질서를 둘러싼 미국과 소련의 대립이 격화되는 상황 속에서, 1948년 8월 15일에는 대한민국(한국), 9월 9일에는 조선민주주의인민공화국(북한)이라는 분단국가가 각자의 점령 지역에서 성립되었다.

그 후, 1950년 6월 25일 한국전쟁이 발발, 일본은 미국을 주축으로 하는 UN군의 출격 기지, 병참기지가 되었고, 1951년에는 미국의 중개로 한일 국교 정상화 교섭이 개시되었다. 본 장에서는 1965년에 타결된 한일 국교 정상화 교섭 과정을 고찰한다. 그리고 전후 한일관계가 본격적으로 재출발하는 가운데, 무엇이 해결되었는가, 무엇이 해결되지 못하고 남아있는가를 밝히고자 한다.

1. 한일관계의 초기 조건

남북 분단 체제와 전후 국제 환경

일본의 패전에 따라 조선은 식민지지배에서 해방되어 분리되었다. 하지만 그것은 독립은 아니었다. 조선은 미국과 소련의 분할 점령을 통해 한국, 북한이라는 두 개의 국가가 성립되어 남북 분단 체제가 되었다.

한국과 북한 모두 일본과의 외교 관계는 없었다. 그렇지만 북위 38도선 이남의 한국은 일본과 같이 미국이 점령했었기 때문에 과거부터 완전히 단절되어있었던 것은 아니다. 일본과의 무역은 사실상 존속되고 있었다. 더욱이, 만주나 조선에 있었던 일본인의 인양, 역으로 일본에 있었던 조선인의 귀환은 진행해야만 했다. 이처럼 일본과 조선은 분리되었다고는 하지만, 무역이나 사람의 이동 등 사실상 관계를 유지하고 있었고, 공통의 점령 주체인 미국이 중개하는 형태로 관계를 유지해 나갔다.

한국과 북한은 식민지지배로부터 해방을 실질화하기 위해 '식민지지배 잔재 청산' 작업에 들어갔다. 다만, 적어도 출발점에서는 그러한 식민지배의 유제를 계승할 수밖에 없었다. 요약하자면 식민지지배의 유제를 계승하면서 그것을 청산하는 일이 과제가 되었다. 따라서 식민지지배 청산에는 스스로 한계가 있었다. 청산 대상이라고는 하지만 관료제도, 군대 등의 연속성은 부분적으로 존재했기 때문이다.

북한의 '친일파' 청산이나 토지개혁 등은 소련 점령 행정의 지원도 받아 그렇게 큰 마찰 없이 비교적 순조롭게 진행되었다. 다만, 나중에 나타난 김일성의 개인 숭배 방식 등은 주로 소련 스탈린의 개인 숭배를 모방한 것이지만, 일정 부분 일본의 천황제 지배 양식을 이용한 측면도 보인다. 또한, 식민지지배 말기에 주민 통제의 역할을 했던 수리조합水利組合 등의 조직은 온존되어 소련 점령과 북한의 통치를 위해 이용되었다.

그에 반해, 한국에서는 미군정이 스스로 지배를 효율

적으로 실행할 목적으로 기존의 정치 경제 엘리트를 이용하려고 한 것도 있고 해서, 정치 경제 엘리트는 일본의 식민지 시기와 독립 이후의 시기에 상당 부분 연속성을 지니게 되었다. 초대 대통령이 된 이승만은 항일 독립운동의 영웅이었으나, 그를 지지한 주요한 국내 세력은 식민지 시기에 정치 경제 엘리트였다. 바꿔 말하자면 이승만은 부족한 국내적 기반을 획득하기 위해, 정치 경제 엘리트들은 스스로 지위를 유지하기 위해 상호 간에 이용하는 관계가 되었다.

1948년 8월 15일에 대한민국이 수립되었다. 그리고 일본은 1951년에 샌프란시스코 평화조약을 체결하였고, 연합군 군 최고사령관 총사령부GHQ의 점령 통치에서 벗어나 주권을 되찾았다. 이미 1949년, 한국 정부는 GHQ와의 '외교' 관계를 담당하기 위해 도쿄에 '주일 대표부'를 설치, 그것이 한일관계와 관련된 한국 측 창구 기능을 담당하게 되었다.

한일 모두 필요한 물자를 국내에 조달할 수 있는 상황이 아니었고, 통상 관계는 계속할 수밖에 없었기 때문에 외교 관계가 없음에도 불구하고 1949년 이후에 한일 통상 협정을 체결했다. 1949년도 협정의 최초 교섭은 주로 한국 정부와 GHQ와의 사이에서 이루어졌으나, 다음 해인 1950년도 협정의 교섭은 실질적으로 한일 양 정부 간에 이루어졌으며, 협정이 체결되었다.

애당초, 미국의 대아시아 정책의 주축은 연합국의 일원인 장제스 국민당 정부의 '중화민국'이 될 예정이었으나, 중일전쟁 종전 후의 국공내전 결과, 국민당 정부는 패배하여 대만으로 거점을 옮겼다. 또한 대륙에서는 1949년 10월에 마오쩌둥이 이끄는 중국공산당이 '중화인민공화국'을 건설했다. 이렇듯 소련뿐 아니라 북한, 중국이라는 순서로 차례차례 '공산당' 정권이 성립되었다. 냉전 체제에서 동서 양 진영의 대립이 격화되던 중, 미국의 대아시아 정책의 중심은 일본으로 이동하였다. 그에 따라 대일점령 정책도 2차 세계대전을 초래한 군국주의 일본의 민주화를 우선하는 정책에서 일본을 반공 진영의 주축으로 자리매김하는 것을 우선으로 하는 '역코스' 정책으로 전환했다.

한미일의 전후 구상

대한민국이 성립되고, 더욱이, 일본의 주권 회복이 다

가오자 한일 간을 중개했던 미국의 역할은 한정적으로 변하게 되었다. 전후의 한일관계를 어떤 식으로 구상할 것인가는 한일 쌍방, 그리고 '후원자'인 미국에 의해 모색되었다.

일본 관점에서 보면, 일본제국의 배후지였던 중국 동북부를 잃어버리게 되자 한반도 남부는 여전히 중요한 배후지 일부분이 되었다. 다만, 탈식민지화한 한국과의 관계를 어떻게 재구축할 것인가의 문제를 둘러싸고 명확한 비전을 지니고 있지 않았다. 전전의 시대처럼 한일이 모종의 국제 분업을 이뤄야 한다는 구상이 있었으나, 그것을 일본 측에서 적극적으로 제시하기까지에 이르지는 않았다. 겨우 탈식민지화한 한국이 그것을 받아들일 리가 없다는 것이 그 이유였다.

그에 반해 조금 더 명확하게 한일관계의 재구축을 지향하던 것은 미국이었다. 미국은 소련, 북한, 중국과 동아시아에 공산주의 진영이 확대되는 상황에 대항하기 위해 '반공의 방파제'인 한국을 지원하는 것이 중요했다. 그와 더불어 '반공 진영의 주축'인 일본의 전후 부흥을 서두르기 위해 한일의 군사적, 경제적 분업 관계를 재정비하는 일이 중요하다고 생각했다. 그것은 어떤 의미에서는 전전, 전시 한일관계를 부분적으로 복원하는 것을 의미했다.

이에 대해 한국은 미국의 원조에 의존해야만 하는 것을 전제로 하였지만, 일본에 안이하게 의존하지 않는 자립적인 체제의 구축을 우선 생각했다. 따라서, 미국의 전후 구상 사이에 상당한 괴리가 있었다.

이처럼 한미일 관계 사이에 한일관계에 관한 구상을 둘러싸고 차이가 있었다. 하지만 1950년대에 들어가 한일관계의 재구축을 사실상 어쩔 수 없이 해야만 하는 사태가 일어났다. 한국전쟁의 발발이었다.

2. 한일 국교 정상화 교섭 I: 1950년대

한국전쟁의 발발

1950년 6월 25일, 북한(조선인민군)이 북위 38도선을 넘어 남침하면서 한국전쟁이 발발했다. 1949년까지는 북한의 남침에 대한 지지에 소극적이었던 스탈린이 자국의 원자폭탄 개발과 중화인민공화국의 성립을 계기로 남침을 지시하였고, 김일성은 염원하던 남침을 통해 한반도 통일을 실현하려 했다. 다만, 스탈린은 북한에 대한 전면적인 지원을 약속한 것은 아니고 중국의 지원을 믿은 것이었다. 건국 직후의 중국 정부 내에서는 '한국전쟁'이 미군과의 전면 대결을 초래할지도 모른다, '대만침공'의 기회를 놓쳐버릴 수도 있다는 등의 소극론도 있었다. 하지만, 마오쩌둥은 중국군(인민지원군)의 참전을 결단했다.

문제는 미군의 참전 가능성을 어느 정도로 볼 것인가였다. 미국은 1949년 6월 주한 미군의 철수를 발표했다. 미국 입장에서는 이승만 정권이 내건 '북진통일'에 '휘말리는 상황'을 회피하려는 의도도 있었다. 더욱이, 다음 해인 1950년 1월에는 애치슨 미 국무장관이 한반도를 방위선의 바깥쪽에 위치시키는 연설을 했기 때문에 한반도에서의 군사 충돌에 미국은 개입하지 않지 않을까 하는 '낙관적 기대'를 북한, 중국, 소련이 어느 정도 공유했다고 생각할 수 있다.

하지만, 한국전쟁의 발발은 그때까지 애매했던 한국 방위선에 대한 미국의 관여를 명확하게 했다. 미국은 소련이 부재중일 때 UN 안보리를 소집하여, 북한의 조선인민군에 대항하기 위한 영국 등 전체 16개국으로 이루어진 UN군의 결성을 결정하고 본격적인 참전을 결단했다. 또한 이 전쟁을 수행하기 위해, 점령 중이었던 일본은 출격 기지로 사용되었을 뿐만 아니라 UN군의 전쟁 수행에 필요한 물자를 생산하는 병참기지 역할도 담당하게 되었다. 태평양전쟁 당시 '전쟁 국가'였던 일본은 패전을 계기로 전후, 일본국 헌법하에 '평화 국가'로 재출발하게 되었지만 결국 한국전쟁으로 '기지 국가'가 된 것이다. 또한, 동북아시아 반공 진영의 일원으로서 한일의 결속 강화를 위해서도, 한일이 함께 경제부흥에 따른 공산주의의 침투를 막는 데 필요한 정치적 안정을 확보하기 위해서도 한일관계를 정상화하여 경제협력을 촉진하는 것이 중요하다고 생각하였고, 그를 위한 중개 역할을 미국이 담당한 것이다.

한일회담의 개시와 그 배경

일본의 보수 정권도, 한국의 이승만 정권도, 미국과의 관계를 외교 안보 정책의 기축으로 하였기 때문에 예비 회담을 통해 1952년, 국교 정상화를 위한 한일회담이 개시되었다. 하지만 한일의 생각에는 차이가 있었다.

일본 정부는 전후에도 한반도에 돌아가지 않고 일본에 체재하고 있는 재일교포의 처리 문제나 이승만 대통령이 한일 사이의 해상에서 일방적으로 일본 어선을 내쫓으려 선포했던 '이승만 라인' 문제 등 긴급으로 한국과 교섭하기 위한 회담이 필요하다고 생각했다.

그에 반해 한국 정부는 일본과 새로운 관계를 구축하기 위해서는 과거의 공유된 역사를 청산하고, 탈식민지화를 사실뿐 아니라 법적으로도 완성할 필요가 있었다. 특히, 북한과의 체제 경쟁에 직면한 한국으로서는 일본으로부터 철저한 탈식민지화를 실현하는 것은 타협할 수 없는 과제였다.

더욱이, 한국전쟁에 따라 반공 진영의 군사력을 강화하기 위해서도 미국은 일본을 철저하게 '비군사화'시키겠다는 애초의 방침을 포기했다. 일본의 보수 정권도 그에 호응하여 경찰예비대를 창설하여 그것을 후에 보안대, 자위대로 개조시킴으로써 사실상의 '재군비'로 키를 돌렸다. 한국전쟁에 이러한 일본'군'이 제도적으로 참전하는 일은 없었으나, 최근의 연구에서는 재일 미군기지 종업원 등 몇백 명 규모의 일본인이 미군 지원이나 '해안선 안내' 역할을 하기 위해 '참전'하여 적어도 57명이 '전사'한 것이 명확하게 드러났다. 한국전쟁 발발 당시, 중국, 소련과 북한과의 사이에는 전쟁 개시 전에 미국의 참전뿐 아니라 일본의 참전 가능성이 논의되기도 했다. 더욱이, 개전 후에는 일본군이 실제 참전했다고 비판하고 있었다. 이렇듯, 일본이 '비군사화'되었다고는 하지만 북한이나 중국, 소련이 지녔던 지배적 대일 이미지는 전전의 군국주의 국가 일본이었다.

이러한 대일 이미지는 한국에 있어서도 예외는 아니었다. 한창 한국전쟁이 일어나고 있을 때, 가정이라고는 하지만 '한국 지원을 위해 일본이 참전해준다고 해도 (일본군이 다시 한번 한반도에 상륙하는 것이 되기 때문에) 한국은 일본과 전쟁을 하겠다'라고까지 말하는 이승만 정권에게는, 같은 반공 진영의 일원이라고는 하지만, 재군비한 일본의 군사적 위협을 의식할 수밖에 없었다. 이승만에게 있어 일찍이 자국을 지배한 일본에 대한 경계를 늦추지 않는다는 의미로 '반일'도 '반공' 못지않은 중요한 일이었다.

이러한 이승만의 강경한 대일 자세는 1953년 1월 미국의 중개로 방일하여 이루어진 요시다 시게루吉田茂 총리와의 회담에서 어떠한 성과도 얻지 못함으로써 한층 강화되었다고 할 수 있다. 또한, 이승만 정권이 1955년, 미국의 보증에 기반하여 한일의 불가침 약속을 목표로 한 한미일 불가침협정의 교섭안을 미국 아이젠하워 정권에 제시한 것은 한국이 미국의 보증을 기반으로 하여 일본에 대한 안전보장을 구상하고 있었던 것을 보여준다. 더욱이, 반공 진영의 결속 강화와 정치적 안정을 위해 필요하다는 점을 고려하더라도, 한국은 일본과 경제협력을 함으로써 한국경제가 다시 한번 일본을 중심으로 하는 국제 분업 체제에 종속적으로 편입되는 것은 아닌가 하는 우려를 갖고 있었다. 그런 이유로 미국이 중개하는 한일 경제협력에도 한국은 경계심을 숨기지 않았다.

그리하여, 이승만 정권은 한편으로 일본을 반공 진영의 주축으로 앉히려는 미국에 대해 한국의 전략적 가치를 높이고, 한국이야말로 그 임무를 맡는 것이 적절하다고 주장했다. 이승만 정권에 의한 한국 주도의 태평양동맹 구상의 제안(1949년)이나 라오스 등 동남아시아에 대한 파병 제안(1954년)에는 이와 같은 한국 외교의 목적이 담겨있다. 다른 한편으로 한일 분업 체제의 구축을 서두르는 미국에 대해서는 어디까지나 한국경제의 자립이 선결 과제라는 이유로 저항적인 자세를 견지했다. 한국전쟁 후, 한국의 전후 부흥에 필요한 물자를 미국이 일본에서 조달하려 한 것에 대해 이승만 정권이 저항 자세를 나타낸 것은 그러한 의도의 표현이었다.

한일의 국제 분업은 경제적인 측면이 가시적으로 나타났지만, 그에 멈추지 않았다. 한일은 군사적으로도 어느 정도의 분업 체제에 편입되게 되었다. 1951년의 미일 안전보장조약, 1953년의 한미상호방위조약에 따라 군사적으로도 한일의 분업 체제가 확립되게 되었다. 중국과 소련의 지원을 배경으로 한 한국전쟁과 같은 북한의 남침을 억제하고 대항하기 위해 미국은 한국에 미군을 주둔시켜 한국군과 협력하여 한반도의 유사시에 대응하려고 했다. 그리고 일본에 미군을 주둔시켜 자위대와 협력하여 일본 방위에 대한 책임을 짊어짐과 동시에 한반도의 유사시, 주일 미군이 주한 미군의 후방 지원을 담당하고 한반도에 출격하여 주한 미군에 협력하도록 했다. 이처럼 한국과 일본은 양자 간에 어떠한 군사적 약정이 없었음에도 각자의 주둔 미군을 통해 국제적인 안보협력의 틀에 편입되었다.

이러한 사실상의 관계는 그 이후 제도화하였다. 1960년 1월 6일, 후지야마 아이이치로藤山愛一郎 외무상과 맥아더 주일 미 대사가 채택한 미일 안보 관계에 있어서의

'한국의사록'에 따르면 주일 미군이 일본 밖에서 출격할 경우, 일본 정부와의 사전 협의가 필요하지만, 한반도 유사시에는 '기지 국가'가 된다는 구도가 한국전쟁 이후에도 제도화되었다.

샌프란시스코 평화조약

한국전쟁이 한창이던 시기에 한일회담이 이루어졌다. 하지만 아예 백지인 상태에서 교섭이 개시된 것은 아니었다. 왜냐하면, 2차 세계대전을 종결시키기 위해 승전국인 연합국과 패전국 일본과의 사이에 체결된 샌프란시스코 평화조약이 한일회담의 틀을 다시 한번 설정했기 때문이다. 샌프란시스코 평화조약 4조에 따르면, 미군정이 실시한 한국에 대한 일본 관련 재산의 몰수 등의 조치를 일본이 승인하는 것을 명확하게 한 뒤, 연합국은 대일 전쟁배상을 포기했다. 그리고 일본의 식민지지배에서 독립한 한국과 같은 나라와 일본과의 사이에 경제적 가치의 이전을 둘러싼 문제에 대해서는 두 국가 간 교섭에 맡기게 되었다. 다르게 말하면 식민지지배나 전쟁에 기원한 관계는 미해결의 과제로 남겨둔 채, 두 당사국 간의 교섭에 맡겼다.

샌프란시스코 강화 회의에 한국은 초대받지 못했다. 따라서 서명국도 아니었다. 일본은, 한국이 일본의 지배를 받고 있었고 교전한 것도 아니므로, 샌프란시스코 강화 회의에 승전국의 일원으로 참여하는 것을 받아들이기 어려웠다.

반면 미국으로서는 남북체제 경쟁하의 한국에 대한 조력의 의미를 담아 일시적으로 한국의 참가 가능성도 검토했다. 일본도 미국의 의향에 따를 수밖에 없었고, '재일교포'에게 승전국 국민으로 지위를 인정하지 않는다는 조건부로 참가를 인정할 가능성을 시사했다.

결국 한국은 초빙되지 않았다. 그 배경에는 중국 대표권을 둘러싸고 중화인민공화국을 승인하지 않는 미국과 인정하려는 영국과의 대립의 영향이 있었다. 더욱이 독립한 식민지가 종주국에 대해 승전국의 입장에 서는 것을 인정하기 어렵다고 여기는 구 식민제국 영국의 의향도 강하게 작용하였다. 그 결과, 한국은 '승전국'에 필적하는 지위로 일본에 대한 배상적, 징벌적 청구를 할 수 있는 국가군에서 다시 한번 배제되었다.

다만, 샌프란시스코 조약을 통해 한일 양국은 35년간

의 식민지배 역사에서 기인한 강제를 포함한 경제적 가
치의 이전을 어떤 식으로 평가하고 청산할 것인가 하는
과제를 공유하게 되었다.

'대일청구권'

한일회담의 과제는 다방면에 걸쳐졌다. 식민지지배 및
그 이전 시기에 조선과 일본 사이에는 많은 사람, 물자,
그 외에 경제적 가치가 빈번하게 왕래했다. 현재도 일본
에 많은 재일교포가 거주하고 있듯이 완전히 원상 복귀
한 것은 아니나, 어쨌든 그 원상 복귀를 어떻게 할 것인
가를 통해 과거의 관계를 청산하는 것이 계획되었다. 조
선에서 일본으로 건너가 그대로 일본에 남은 재일교포의
처우를 어떤 식으로 할 것인가가 '재일교포의 법적 지위'
문제이다. 또한, 조선에서 일본으로 가지고 간 문화재 중
어떤 것을 어떤 식으로 한국에 반환할 것인가가 문화재
반환 문제이다.

그중, 한일회담에 있어 가장 핵심적인 문제는 식민지
지배기에 조선과 일본 사이에 왕래한 경제적 가치에 관
한 것으로 특히, 일본 정부나 개인이 식민지 조선에서

'강제적으로' 이전한 경제적 가치의 내역과 그 총액을 금전적으로 평가한 후, 원상 복귀를 위한 반환을 요구하는 것이었다. 그것은 '대일(재산)청구권'으로 설정되었다. 미국과 한국 정부는 아주 초기에는 일본에서 한국으로의 경제적 가치의 이전을 전시 '배상' 혹은 식민지지배에 대한 '보상'과 같은 방식으로 실시할 것을 구상했었다. 여기에는 일본에 대한 징벌적인 요소가 포함되어있었다. 전쟁에 대한 책임을 져야 하는 일본을 징벌할 필요가 있고, 건국된 지 얼마 안 된 한국에 적극적인 지원이 필요하다고 생각했기 때문이다. 하지만 일본의 전후 처리가 연합국에 의해 대일 배상 포기라는 틀에서 이루어졌기 때문에 공공연하게 대일 배상을 요구하는 것은 곤란했다. 더욱이, 식민지지배가 식민지에 손해를 입힌 것이며, 그에 대해 보상해야 할 의무가 있다는 생각이 국제사회에 정착해 있을 리도 없었다. 따라서, 전시 배상이나 식민지지배에 대한 보상이라는 포괄적인 권리 의무 관계로서 한국 정부가 일본 정부에 요구하기는 어려웠다. 한국 정부도 한일교섭 개시 당시, 그러한 구상을 이미 포기하고 있었다. 따라서 차선책으로, 대일청구권이라는 명목으로 일본에 경제적 가치 이전을 요구하기로 했다.

한국병합의 법적 성격

그와 관련하여 또 하나 한일 간의 쟁점이 된 것이 1910년의 '병합'에 이르기까지의 과정에 대한 법적 성격이다. 일본 정부는 역사적 사실로서 '병합'이 진행된 만큼 법적으로도 성립되었다고 보았다. 반면 한국 정부는 이 한국병합조약 및 그에 이르기까지 한일 간의 협정체결이 일본의 강제로 이뤄졌다는 의미에서 '병합'은 위법한 것이고, 따라서 지배 자체도 위법 상태가 계속되었던 것이라고 보았다. 1945년에 일본의 패전에 따라 한국은 일본 지배에서 벗어나고, 1948년에는 대한민국이 건국되었기 때문에 그 시점에서 비로소 일본에 의한 지배의 법적 효력은 없어졌다. 이처럼 1910년에 이르기까지의 과정과 그 이후 35년간의 지배의 법적 성격을 어떤 식으로 볼 것인가의 문제를 둘러싸고 한일 간에 괴리가 있었다.

또한, 기본 관계와 관련해 한국의 관할권 범위를 어떻게 할 것인가라는 문제가 있었다. 남북 분단 체제에서 한국이 관할하는 범위는 군사경계선 이남뿐이었지만, 북한은 괴뢰정권이며, 한국이야말로 한반도 전체를 대표하는 유일한 합법 정권이라는 공식 입장을 한국 정부는 견지했다. 그리고 그것을 일본으로부터 인정받고자 했다. 일본 정부는 우선 한국과 국교를 수립하는 것을 우선했으나, 그렇다고 해서 한국이 한반도 전체를 관할한다는 픽션에 동의하는 것은 아니었다. 한일 국교 정상화 후 북한과의 국교 정상화 가능성도 염두에 두고 있었기 때문이다.

막다른 골목과 구보타 발언

이처럼 다방면에 걸친 쟁점이 한일 사이에 가로놓여져 있었기 때문에, 교섭은 좀처럼 진전되지 않았다.

특히, 1950년대의 교섭은 교섭의 입구를 둘러싼 싸움으로 시종했다. 한국 정부는 일본의 35년에 달하는 지배로 한국에서 상당 부분의 경제적 가치가 일본으로 이전했다는 것을 전제로 그것을 대일청구권으로 탈환할 것을 목표로 하고 있었다. 그에 대하여 일본 정부는 일본이 철도 부설을 시작으로 조선에 투자한 것 등을 이유로 대한청구권을 요구할 것을 상기하고, 한국의 대일청구권과의 상쇄 혹은 상호 포기를 주장했다.

1953년 3차 한일회담에 있어, 일본 측 수석대표 구보타 간이치로久保田菅一郎가 한 '일본이 지배하지 않았다면 조선은 중국이나 러시아에 지배당했을 것이다. 일본은 조선에 철도를 부설해주는 등 상당한 투자도 했다' 등의 발언은 이러한 주장을 반영했다. 이에 대하여 한국 정부는 일본은 식민지지배의 긍정적인 측면만 보고 식민지지배 자체에 대하여 반성이나 사죄의 자세를 전혀 보이지 않고 있다고 받아들였다. 구보타 발언의 철회, 더욱이 일본의 청구권 주장 철회를 요구하는 한국 정부에 대하여 그에 응하지 않는 일본 정부라는 도식이 회담의 장기 중단을 불러왔다.

또한, 1952년, 이승만 정권은 어업 자원 확보와 대일 방위를 이유로 한일 간의 해상에 설치한 '평화선'(일본에서는 '이승만 라인'이라고 부른다)을 한일 해역의 경계로 할 것을 일방적으로 선언하였고, 이 경계선을 넘은 일본 어선을 나포하여 어민을 억류했다. 그와 동시에 한일 간의 영유권 싸움을 하고 있던 독도(일본명은 다케시마)를 점거하여 한일 간의 긴장감이 고조되었다.

기시 노부스케 정권과 '재일조선인' 귀환사업

이러한 한일관계의 막다른 골목을 타개시키는 계기가 된 것은 1957년, 일본의 기시 노부스케岸信介 정권의 등장이었다. 기시 정권은 미국 아이젠하워 정권의 중개를 받아들여, 구보타 발언과 대한 청구권의 주장을 동시에 철회함으로써 한일회담의 재개의 길을 열었다.

이에 따라 한일교섭은 궤도에 오르는 듯했으나 순조롭지 않았다. 기시 정권이 실시한 북한에 대한 '재일조선인'의 귀환사업이 한일 간 대립의 불씨를 재점화시켰기 때문이다.

이 사업은 '재일조선인' 자신의 의사에 따른 귀환 운동으로 한국에 대한 북한의 체제 우위를 나타내기 위해 이용되고 있었으며, 대일관계의 개선을 한국보다 선행하려는 북한의 의도, 일본 국내에서는 좌파의 지지 기반에 기여하고 생활보호 등 재정 부담이기도 했던 '귀찮은 존재'인 '재일조선인'을 본인의 희망에 기반한 형태로 일본에서 '떠나도록 한다'라는 일본 정부의 의도, 그리고 본인의 의사에 따라 거주지 선택을 존중해야 한다는 국제적십자사의 생각 등이 복잡하게 작용하고 있었다.

이렇게 하여 이승만 정권의 맹렬한 반대에도 불구하고, 기시 정권은 귀국 사업을 진행을 선택했다. 그 결과, 이승만 정권은 이제 막 재개한 한일회담 중단을 통보했다. 이렇게 해서 기시 정권하에서의 한일교섭은 난항하게 되었다.

한국전쟁 이후, 1950년대 후반에는 한국보다도 북한 쪽이 중국과 소련, 동구 사회주의 '형제국'의 적극적인 지원 등을 받아 전후 부흥이 순조롭게 진행되었다. 또한, 제3세계에 대한 중국의 영향력 증대 등에 편승하여 제3세계 여러 국가 사이에서 북한에 대한 지지도 늘려갈 수 있었다. 1960년에는 북한의 수교국 수는 14개국이고 한국의 수교국 수는 16개국으로 거의 비슷했다. 또한, 같은 시기 미국과 소련은 '해빙기'로 들어갔고 북한도 이를 이용해 '평화공세'를 펼쳤다. 1955년 2월, 북한 남일 외상에 의한 '대일 국교 정상화의 용의가 있다'라는 '남일 성명'은 그 일환이었다. 일본과의 사이에서 '재일조선인' 귀환사업은 북한의 이러한 '평화공세'의 연장선에 있었다.

이중성을 지닌 미국의 자세

1950년대의 한일관계는 냉전 체제와 남북 분단이라는 여건 속에서 안전보장이나 경제협력에 관한 한일 쌍방의 이익에 근거하여 사실상 관계의 재구축이 어느 정도 진행되었다. 그렇기는 해도 그것은 국교 정상화라는 법적 관계로까지 진전된 것은 아니었다.

이승만 정권은 철저하지 못한 탈식민지화에도 불구하고 사실상의 관계 재구축만을 하는 것에 대해서는 상당한 경계심을 지녔다. 일본 정부 또한 한국과의 국교 정상화를 서두를 필요를 느끼지 못하였다. 또한 무엇보다도, 쌍방은 양국 관계를 미국의 중개에 의존하고 있었고, 국내 정치상의 위험을 감수하면서까지 대담하게 국교 정상화 교섭을 진행할 이유가 없었다. 미국 또한 한일 쌍방에 압력을 넣어 한일의 대미 여론을 악화시키는 위험을 수반하면서까지 한일관계의 개선을 강력하게 진행할 생각은 없었다.

한일관계에 대한 미국의 자세에는 일관된 이중성이 존재했다. 한편으로 미국은 한국과 일본을 중개하면서 미국을 중심으로 하는 반공 진영을 강화하기 위해, 특히, 역사에 기인한 한일 간 대립을 어떻게든 완화시키려고 설득 작업을 계속했다. 하지만 미국은 미국에 대한 한일 여론 악화를 감수하면서까지 설득해야 할 필요를 느끼지는 않았다. 한일의 역사 문제란 정체성에 관련된 문제이기 때문에 이익 공여로 만사 해결되는 성질의 문제가 되지 못했다. 어쨌든 미국은 한일관계에 대해 깊은 관여를 회피하는 태도를 보였다.

물론 미국에 대일, 대한 관계의 중요도 차이가 존재한다는 것은 부정할 수 없겠지만, 그렇다고 해서 미국이 어느 한쪽으로 편향되는 태도를 취한 것은 아니다. 미국의 중개로 한일 국내 여론이 '반미'로 기울이지는 걸 우려했기 때문이다. 더욱이, 미국으로서는 한일 간 '대립의 불씨'를 남겨 미국의 지지를 두고 한일이 경쟁하는 것이 미국의 대일, 대한 교섭력을 확보하는 데 유효하다고 생각했기 때문이기도 하다.

3. 한일 국교 정상화 교섭 II: 1960년대

박정희 정권의 탄생

그렇다면 어떻게 막다른 골목에 막혀있던 한일교섭이 1965년에 타결되어 국교 정상화가 실현된 것인가. 1960년대에 들어 한미일 모두가 정권교체에 따라 신정권이 등장한 것 역시 주목해야 할 사항이다. 1950년대 교섭의 교착상태를 돌파하기 위해서는 새로운 정치 주체의 등장이 필요했기 때문이다.

한국에서는 1960년 4월 혁명을 통해 이승만 정권이 타도되었고, 그 후에 등장한 제2공화국 장면 민주당 정권도 1961년 박정희를 중심으로 한 5·16 군사 정변에 의해 바뀌었다. 박정희 정권의 등장은 한일 국교 정상화 교섭을 촉진하는 방향으로 움직였다.

첫째로 박정희 정권은 군부에 기반을 둔 권위주의 체제였다.

한국 국내에서는 한일 국교 정상화의 필요성을 인정했다 해도 안이한 타협을 해선 안 된다는 신중론이 뿌리 깊었다. 하지만, 군사 정변에 의해 등장한 박정희 정권에서는 그러한 반대론을 억누르는 것이 어느 정도 가능했다. 1963년의 민정 이관에 이르기까지 군사 정권기에서는 거의 모든 정치활동이 금지되었고 그 틈을 이용하여 한일 간 타협을 이룩했다. 민정 이관, 1964년 6·3사태로 정점에 달한 한일조약 반대운동의 고양이 있었으나, 계엄령 선포로 반대운동을 차단하면서 1965년 6월 22일, 한일 국교 정상화를 드디어 실현시켰다.

둘째 박정희 정권의 전략이 한일 국교 정상화에 따른 경제협력이 필요했다는 점이다.

박정희 정권은 경제 발전을 가속화함으로써 적어도 경제에 관해서는 북한에 대한 열세를 만회하는 것을 우선으로 했다. 그를 위해서 한일의 경제협력을 최대한 이용하여 공업화를 진행하였고, 수출을 증대시켜 경제를 발전시키려 했다.

박정희라는 인물은 일본 식민지 시대 1918년에 구미에서 태어나, 대구사범학교를 졸업, 교사 생활을 거쳐, 1940년 신경(현 장춘)의 만주국 육군 군관학교에 입학, 재학 중에 일본 육군사관학교에 유학하여 졸업 후, 만주국 군인으로 임관했다. 이러한 경력에서도 알 수 있듯이 구제국 군인으로서의 에토스를 상당히 내면화한 군인이었다. 그 후 해방 직후에는 형의 영향을 받아 좌익 성향을 보이기도 했다. 그리고 제주도 4·3 사건을 탄압하기 위해 파견된 한국군의 전신인 남조선경비대의 내부에서 좌익세력이 일으킨 여수·순천 군 반란 사건에 연루되어 무기징역을 선고받았다. 하지만 한국군 중에서 일대 세력을 과시한 만주군 출신자의 조력에 힘입어 사면되었다. 처음에는 문민으로 군에 복귀, 한국전쟁 중에 군인으로 복귀했다. 그러나 좌익 전력이라는 치명적인 약점을 가지고 있었기 때문에 그 후, 승진 등에서 불이익을 받을 수밖에 없었다. 그런데 군 내에서 비주류로 있었던 것이 비교적 깨끗한 군인이라는 평판으로 연결되어 조카사위인 김종필을 비롯한 육사 8기생 등을 끌어들여 군사 정변의 주동자가 되었고, 권력 획득 후에는 18년 가까이 한국을 통치하게 되었다. 이렇듯 박정희는 동시대 한국인들보다 더 일본과 특별한 관계를 유지했다. 일본에 대해 '저자세'로 나갈 만한 이유가 결코 없었고 오히려 전전의 일본을 숙지하고 있었던 정치 지도자였다.

이케다 하야토 정권과 케네디 정권의 탄생

일본의 1960년 안보 개정을 둘러싼 정치적 혼란이 기시정권의 퇴진과 이케다 하야토池田勇人 신정권의 등장을 가져왔다. 이케다 정권은 한편으론 한국 국교 정상화가 일본의 안전보장에 있어 중요한 의미를 지닌다는 것을 인식하면서도 냉전 체제에 과도하게 휘말리고 싶지 않다는 국내 여론을 고려하여 경제적 측면에서의 한일 협력을 중시했다. 이것은 일본의 경제협력을 한국 경제 발전에 적극적으로 이용하겠다는 박정희 정권의 의도와 일치하는 것이었다. 또한, 이케다 정권하에서 '고도 경제

성장' 노선을 한결같이 유지하여 일본은 이전보다 관대한 조건으로 한국과의 경제협력에 임할 수 있게 되었다. 한일 경제협력으로 일본의 제품시장으로 한국을 확보하여 일본 경제 발전을 꾀하고 한국의 경제 발전에도 공헌하여 그에 따른 정치적 안정을 확보함으로써 공산주의의 침투를 막는다는 전략이었다.

더욱이, 미국에서는 케네디 민주당 정권이 1961년에 등장했다. 한국전쟁 때와 같이, 중국과 소련이 일치단결하여 북한을 군사적으로 지원하고, 지원을 받은 북한이 남침할 가능성은 중소대립의 현재화로 상당히 낮아졌다. 그리고 경제적으로 북한보다 열세에 있고 정치적으로도 불안정한 한국에 빈곤이나 정치적 불안정은 공산주의 침투의 장이 될 수 있으므로 경제 발전이야말로 공산주의의 침투를 억제하기 위해 가장 효과적이라는 인식이 미국 정부 내에서 대두되었다. 다만, 경제 발전을 위해 어떤 정책이 필요한가를 두고 한일 간에 의견이 일치한 것은 아니었다. 특히, 박정희 정권은 초기에 경제적 자립을 서두르기 위해 중공업을 중심으로 한 기간 산업 건설을 정부 주도로 추진하는 전략을 한때 모색하였는데 이는 원조의 낭비로 이어질 수도 있다는 미국의 비판을 받았다.

5·16 군사 정변 직후인 1961년 6월, 미국과 일본의 정상회담(이케다 총리·케네디 대통령)에서 양 정상은 한일 국교 정상화를 조기에 타결할 것에 기본적으로 합의했다. 더욱이 11월에는 박정희(국가재건최고회의 의장)가 방일하여 이케다 총리를 만나고 이어서 방미하여 케네디 대통령과 정상회담을 개최하였다.

그 결과, 식민지지배 기간 중 한국에서 일본으로 이전된 경제적 가치를 법적 근거가 있는 것에 한정하여 한국에 지불한다는 기본선에 합의했다. 다만, 일본의 한국에 대한 적극적인 관여를 희망하고 있는 미국의 요구도 고려되어 좁은 의미의 청구권만을 일본이 변제하는 식으로 마무리되지는 못했다. 결국, 일본 측이 제시한 것은 경제협력이라는 명목으로 한국 측의 요구 금액에 가까운 경제적 가치를 이전함으로써 청구권을 '해소'한다는 '경제협력방식'이었다.

'완전하고 최종적인 해결'이라는 합의

그 후, 6차 회담에서, 한일 쌍방은 일본에서 한국으로 상당 부분의 경제적 가치를 이전하기로 합의하였다. 남겨진 문제는 그 가치를 어느 정도로 할 것인가, 또한 그 명목을 어떻게 할 것 인가였다.

애당초, 박정희 정권이 염두에 두고 있었던 것은 합계 7억~ 8억 달러라는 숫자였다. 그에 반해 일본 정부가 생각한 것은 그 10분의 1인 7천만 달러에서 8천만 달러였다. 그 금액의 괴리를 어떻게 메꾸어갈 것인가, 또 그것을 어떤 명목으로 포장할 것인가로 쟁점이 집약되었다. 구체적으로는 순수한 공여뿐만 아니라 변제 의무가 있는 차관을 더해, 또 그 금리를 어떻게 할 것인가, 차관을 제공하는 주체를 어떻게 할 것인가 등의 문제가 쟁점이 되었다.

이러한 과정에서 한국의 피해자, 채권자에게 개별적으로 지불하는 방안에 대해서도 논의되었으나, 결국, 박정희 정권은 그것을 개인에게 분배하지 않고 정부가 일괄적으로 받아서 나중에 경제 발전 등으로 성과가 올라 어느 정도 나라가 풍요로워진 다음에 개인에게 나누어주겠다고 주장했다. 대일청구권 자금을 경제 발전을 위해 이용하겠다는 한국 정부의 의향을 반영하는 것이었다. 또한, 애초 법적 증거를 명시한 개인의 채권을 하나하나 합쳐서 전체 금액을 산정하는 것은 교섭 당시 기술적으로 거의 불가능하다고 판단되었던 것도 총액 방식으로 결정된 이유 중 하나이다.

전시 배상이나 식민지지배 책임에 대한 보상을 일본이 인정하지 않는다는 것을 주어진 여건으로 본다면, 청구권 문제는 과거의 식민지지배를 금전적으로 '청산'하기 위한 거의 유일한 수단이었다. '재산 청구권'이라는 말 그대로의 의미로 법적인 근거와 구체적인 증거의 제시를 요구하는 일본 정부에 대해 한국 정부는 구체적인 증거의 입증 책임은 오히려 일본에 있다고 주장했다. 한국은, 일본의 식민지지배가 위법한 일이고, 그에 따라 발생한 손해배상 책임은 일본 측에게 있다는 불만을 토로하고 있었다.

1962년 11월, 박정희와 함께 군사 정변을 주도하고, 정권의 이인자였던 김종필 한국중앙정보부KCIA 부장이 방일하여, 오히라 마사요시大平正芳 외무상과의 사이에서, 일본에서 한국으로 이전할 경제적 가치에 관해 무상 3억 달러를 공여, 저금리 공공차관 2억 달러를 유상으로 공여하고, 민간 투자를 1억 달러 이상 진행하는 것으로 합의했다. 차관은 저금리라고는 하지만 이자를 붙여 원금을 반환하는 것이 의무화되어있다. 민간 투자는 어디까지나 일본 기업이 주도권을 가지고 투자한 만큼을 회수하는 것이었다. 따라서 이 금전은 일본에서 한국에 순수하게 이전한 것이라고 말하기는 어려우나, 어쨌든 일본에서 한국에 이전할 경제적 가치의 총량을 도출하기로 양국이 합의할 수 있었다. 그 후, 1965년의 국교 정상화 시점에서는 일본에서 한국으로의 민간 투자를 5년간 3억 달러 이상으로 하는 것으로 합의 내용이 변경되었고, 따라서 총량은 '증액'된 형태가 되었다.

또한 명목에 관해서 일본 정부는 국회에서 한국의 독립을 축하하기 위한 경제협력을 한국에 제공하는 것이라고 설명했다. '청구권'이라고 설명하면 그 금액에 관한 법적 증거를 제시해야만 하지만, 그것은 불가능했기 때문이다. 그에 대해 한국 정부는 국회나 국민에게 어디까지나 대일청구권이라는 권리를 일본으로부터 획득한 것이라고 설명했다. 이렇듯, 일본의 식민지지배 시기에 한국에서 일본으로 이전된 경제적 가치를 일본이 한국에 반환하는 것을 의미하는 청구권 문제의 해결에 양국이 합의함으로써 한일교섭의 최대 현안은 해결을 향해 달려가게 되었다. 1965년, 청구권 문제는 '재산 및 청구권에 관한 문제의 해결 및 경제협력에 관한 일본과 대한민국 간 협정(한일 청구권 협정)'에 의해 '완전하고 최종적으로 해결'된 것으로 양국 정부가 합의했다.

게다가, 청구권 자금은 한번에 현금으로 일본이 한국에 제공하는 것이 아니라 거의 10분의 1 정도의 경제적 가치를 10년에 걸쳐서 일본의 물품이나 역무로 제공하는 방식이 취해졌다. 구체적으로 무상 3억 달러는 3천만 달러씩 10년에 걸쳐 공여하고, 유상 2억 달러의 경우 2천만 달러씩 10년 동안 제공하는 것이었다. 이후에 한일의 경제협력이 활발해지면서 좀 더 많은 경제적 가치가 10년보다 더 짧은 기간에 이전되었다. 이러한 청구권 자금은 한국에 일본제 기계나 원자재 등이 제공되는 '마중물'이 되어, 그 이후, 일본 기업이 수출한 기계를 사용하고, 일본에서 수입한 원자재를 가공하여 제품을 수출하는 한국의 수출지향형 공업화가 정착하게 되었다.

미국의 중개

이러한 한일 간 교섭의 중개 역할을 한 것은 미국이었다. 미국 정부는 주한·주일 대사관을 통해 한국 정부에는 받아들일 경제적 가치의 명목에 집착하지 말고 경제 발전을 위해 필요한 자금을 될 수 있는 한 많이 획득하는 것이 득이 된다고 설득하였고, 일본 정부에는 한국의 경제 발전을 위해 필요한 자금을 가능한 한 많이 공여해야 하며, 그것이 일본의 안보와 경제에 이바지할 것이라고 조언했다. 또한 구체적인 금액, 무상 3억 달러의 타협 라인을 한일 모두에게 시사했다.

전술한 바와 같이, 1950년대 한일교섭의 개입에 대해 미국은 비교적 소극적이었다. 반면 1960년대에 들어서 일본에서 한국에 이전한 경제적 가치의 양(금액)이나 명목에 관한 교섭에 관해 미국은 구체적인 조언을 했을 뿐 아니라 한국에 관해서는 정부 여당은 물론 야당을 향해서도 설득에 나서는 등 적극적인 개입 자세를 보였다. 그러나 미국의 역할은 어디까지나 한일 간의 대립 쟁점의 해결을 측면에서 지원하는 의미에서의 '촉매catalyst'에 지나지 않았고, 한일 간의 대립 쟁점을 표면에 나서서 중재, 조정하는 의미에서의 중개자mediator, middleman가 되지는 않는다는 자세를 견지했다. 한일 양국의 국내에서 미국의 개입이 편향되어있다는 인상을 남겨, 반미감정을 분출되는 것을 경계했기 때문이다.

유보된 '영토 문제'와 '사죄'

하지만, 미해결 상태로 남겨놓은 문제도 있었다. 그중 대표적인 것은 영토 문제였다. 일본이 반환해야 하는 영토에 대한 샌프란시스코 평화조약의 해석에 관해서 '독도는 일본 고유의 영토이며, 포기해야 할 영토로 조약에 명시되어있지 않았으므로 일본의 영토이다'라고 주장하는 일본 정부에 대해 한국 정부는 '전통적으로 한국 고유의 영토를 일본은 불법으로 점거한 것일 뿐이며, 조약에 명시되어있지 않은 것은 당연히 한국의 영토라는 것이 승인되었을 뿐이다'는 해석을 제시했다. 이러한 조약의 해석에 관해 미국은 한국과 일본 한쪽의 편에 서는 유권해석을 하려고 하지 않았다. 바꿔 말하면, 한일 간의 영토 문제를 남겨놓는 쪽으로 선택한 것이다.

청구권 문제에 관한 합의는 형성되었으나, 한일 각자의 국내 사정으로 인해 교섭은 정체되었다. 이 시기는 특히 이승만 라인·평화선의 철폐와 어업 문제를 둘러싼 대립이 주요 쟁점이었다. 한국에서는 선진적인 일본 어업보다 후진적인 한국의 어업을 보호하기 위해 평화선이 필요하다고 인식된 데 반해, 일본은 이승만 라인의 철폐를 요구했다. 결과적으로는 일본이 한국 어업의 근대화를 위한 경제협력을 하고 그 대신 평화선을 철폐하는 것으로 양국이 합의함으로써 '어업 문제에서도 경제협력에 의한 현안 타결방식이 채택'되었다.

또 다른 하나의 문제는 식민지배에 대한 일본의 '사죄' 문제였다. 한일기본조약 문서에는 식민지배에 대한 일본의 '사죄'나 '반성'의 단어는 포함되어있지 않았으나, 1965년 2월, 시나 에쓰사부로 외상이 방한하여, 구두로 '양국 간의 긴 역사 속에서 불행한 기간이 있었던 것은 유감이며 깊이 반성한다'라는 메시지를 발표함으로써 한국의 반일 여론을 달래고자 했다.

합의와 타협

이러한 과정을 거쳐, 결국 1965년 6월 22일에 한일 양 정부는 한일기본조약과 한일 청구권 협정 등 일련의 조약·협정에 조인하였고, 국교를 정상화하는 데 합의했다. 그렇다면, 그 외의 주요 현안은 어떻게 타협이 이루어졌을까.

'재일교포'에 대한 영주 허가의 범위에 대하여 일본은 '종전 전부터 계속해서 일본에 거주하고 있는 한국인과 그 자손으로 이 협정 발효로부터 5년 이내에 태어난 사람'에 한하겠다고 주장하였고, 그 이외의 대상에 대해서는 자유재량을 유지하려는 일본 정부와 '모든 자손에게 영주권을 부여해야 한다'라고 주장하는 한국 정부가 대립했다. 결국, 협정 발효로부터 '5년 이후에 태어난 사람'까지로 범위를 확대함과 동시에 협정 발효 후 25년 이내에 재협의하기로 타협했다.

한국 정부가 '한반도에 있어 유일한 합법적인 정부'이고 한국의 관할권은 한반도 전역에 영향을 미친다는 한국 정부의 주장에 대해 일본 정부는 한국의 관할권을 북위 38도 이남으로 한정하고자 했다. 결국, 일본 정부는 '한국 정부가 한반도 전체를 관할한다는 의미를 포함하지 않는다'는 것을 전제로 '한국 정부가 '한반도에 있어 유일한 합법적인 정부이다'라는 것을 인정한다'라고 했다.

이 쟁점의 배경에는 식민지지배 그 자체가 위법이며, 그로부터 파생된 여러 문제도 일본 측의 위법 행위에 기인하고 있으므로 한국 측이 그것을 회복할 권리가 당연히 있는 것을 전제로 하는 한국 정부와 식민지지배 자체는 합법적으로 이루어졌다는 것을 전제로 한 후 문제 해결을 꾀하려는 일본 정부 사이에 근본적인 차이가 존재하고 있었다.

4. 한일관계의 '1965년 체제':
경제협력과 안전보장

안보와 경제를 우선하다

1965년은 한일관계에서 새로운 출발점이 되는 해이다. 따라서 그 이후의 한일관계는 '1965년 체제'라고 부를 수 있다.

다만, 전술한 것과 같이 미해결로 남겨놓은 문제도 많았다. 그 이후, 한일관계는 이 과제에 어떻게 대응할 것인가에 대한 물음에 직면하게 되었다. 실제로 그 후의 한일관계는 1965년의 일련의 협약을 금과옥조와 같이 지키기보다는 '1965년 체제'의 불충분한 부분, 남은 과제에 대응함으로써 그것을 보완해왔다고 할 수 있다.

'1965년 체제'의 기본은 안전보장과 경제협력, 간단히 말하자면 '안보 경제'였다. 원래, 한일교섭은 일본이 한국을 지배했던 식민지배 기간에 한일 간에 이전된 경제적 가치의 원상 복귀를 꾀하는 방법으로 청산을 시도한 것이었다. 또 그것에 경제협력이라는 명목을 입혀, 그것을 수단으로 공산주의의 위협에 대항하여 한일의 안보를 확보하려 한 것이다. 이렇듯, 안보와 경제를 우선함으로써 역사 청산은 미흡하게 매듭지어졌다는 점은 부정할 수 없다. 반면 경제협력을 축적하여 안보를 확실하게 함으로써 역사를 둘러싼 대립을 해결한다는 낙관적인 기대도 있었다.

한일 경제협력의 동기가 한일 정부나 기업에 있어 상호 이익이 된 것은 틀림없는 사실이지만 한일 경제협력은 그를 둘러싼 냉전 체제와 밀접한 관련성을 가지고 진행되었다. '안보 경제협력'이라는 말은 당시에는 사용되지 않았지만, 일본의 경제협력은 순수한 경제적인 동기에 근거했다기보다는 박정희 정권을 지원하여 북한과의 체제경쟁에서 우위를 점할 수 있도록 함과 동시에 한국의 안보 체제를 강화하여 일본의 안전보장에 이바지하도록 한다는 점을 고려하여 움직인 결과였다. 또한, 박정희 정권도 일본과의 경제협력을 좀 더 유리한 조건에서 획득하기 위해, 일본의 안전보장을 위해 한국이 공헌하고 있다는 점을 강조했다.

한일의 경제협력

한일의 경제협력 실태는 어떠했는가.

1965년 한일 국교 정상화 이전 한국의 산업구조는 밀, 면화, 원과당 등 미국의 원조물자를 가공하여 밀가루, 무명실·면직물, 설탕 등을 수입 대체로 국내시장을 대상으로 생산한 것이다. 한편으로 전후 부흥 등에 필요한 시멘트 공업 등의 기간 산업도 어느 정도 육성했다. 또한 김, 생사生糸, 텅스텐 등의 1차 생산품을 수출함으로써 필요물자의 수입 대금으로 쓸 외화를 벌어들이려고 했다. 다만, 그에 필요한 충분한 수출이 이루어지지 못했기 때문에 무역 적자는 만성적이었다. 따라서 한국은 여전히 미국의 경제 원조가 필요했다.

따라서 원재료의 수입처는 주로 미국이었으며, 1차 생산품의 수출처는 주로 일본이었다. 그러한 무역구조는 국교 정상화 이후 크게 변화했다. 일본에서 원재료를 수입하여 그것을 가공한 뒤 주로 경공업 제품을 만들어, 미국 등에 수출하는 것으로 변화했다. 일본에서 원재료를 수입할 수 있었던 이유는 국교 정상화에 따른 청구권 자금의 공여 때문이었다. 한국은 경공업 제품의 수출 확대를 통해 1960년대 후반의 고도성장을 달성했다. 전체 무역 흑자가 정착한 것은 1990년대에 들어서면서부터지만 1970년대 후반 이후 대미 무역수지도 흑자로 전환되었다. 섬유나 잡화 등의 경공업 제품이 대미 수출 대부분을 차지했다.

경제가 성장하면 성장할수록 일본에서 원재료나 기계, 부품 등의 수입이 늘어났으나, 일본에 대한 공업제품의 수출이 수입과 비례하여 증가하는 것은 아니었기 때문에 대일 무역 적자는 날로 증대되었다. 따라서 한국에서는 대일 무역 적자의 증대를 한국에서 일본으로 경제적 가치가 일방적으로 이전되는 것으로 이해하였고, 따라서 한국 정부는 이의 시정을 요구했다.

애초에는 국교 정상화에 따른 대일청구권 자금은 주로 농업 기반이나 사회 인프라 정비에 사용되는 것으로 합의되어있었다. 한일 경제협력을 경계하는 한국의 국내 여론을 의식해서 비교적 합의가 쉽게 이뤄질 수 있는 분야가 우선시되었기 때문이었다. 그 결과, 청구권 자금은 서울과 부산을 연결하는 경부고속도로나 서울 지하철 건설 등에 사용되었다.

하지만, 점차 더 직접적으로 한국 공업화를 위해 필요한 원재료, 기계, 기술의 도입에 사용해야 한다는 움직임이 한국 정부에서 제기되기 시작했다. 그 결과, 애당초 국유기업에서 출발한 포항제철소의 건설을 위해서도 청구권 자금이 사용되었다.

이렇듯, 대일청구권 자금이 1960년대 후반 이후, 일본에서 수입한 기계를 사용하여 수입한 원재료를 가공하고, 최종 소비재를 생산하여 그것을 수출한다는 의미에서 한국 경제 발전의 원동력 일부가 되었다.

다만, 한국 경제는 경공업 제품의 수출 확대만을 지향한 것은 아니다. 수출 확대와 함께 산업구조를 고도화하기 위해 중화학공업화도 진행했다. 이를 위해 필요한 기술이나 설비 등을 일본에서 도입하게 되었다. 박정희 정권은 애초부터 종합제철소 건설에 강한 의욕을 가지고 있었다. 하지만 원조국인 미국은 미국의 원조가 한국 실정에 맞지 않는 중화학공업 분야로 낭비되는 것을 우려하여 그러한 계획에 사사건건 반대했다. 이에 대해 일본 정부나 기업이 상대적으로 적극적이었다. 일본 정부나 기업은 자국의 산업구조 고도화에 따른 국제 분업 체제의 변화를 촉진하기 위해서라도 한국의 중화학공업 육성은 필요하다는 인식이 있었다. 따라서 한국에 대한 경제 협력에 대한 이해도가 비교적 높았다.

따라서 종합제철소 건설을 위해 일본의 청구권 자금을 사용하겠다는 박정희 정권의 요망을 인정했다. 1968년의 포항제철소 설립에는 일본 정부와 야와타 제철(현 일본제철) 등 일본 기업의 적극적인 협력이 이바지한 바가 컸다고 할 수 있다.

얽히고설킨 한미일의 노림수

한일 국교 정상화 이후에도 계속해서 한국 지원을 둘러싼 미일 협력 관계는 유지되었다. 1969년, 사토 에이사쿠佐藤栄作 총리와 닉슨 대통령의 정상회담 후의 미일 공동성명에서 언급된 '한국의 안전은 일본 자신의 안전에 긴요하다'라는 '한국 조항'은 한국의 안전보장에 관한 일본의 역할을 미일 간에 확인한 것을 의미한다. 이것은 이미 한국전쟁 당시에 현실이 되었던 것으로 그 후에도 계속 한반도 유사시 주일 미군의 관여를 명확하게 한 '한국 의사록'을 미일 양 정부가 재확인한 것이다.

다만, 닉슨 정권은 주한 미군을 철수시킨 데서도 알 수 있듯이 한국 방위에 관한 부담의 경감을 도모하려 하였고, 그것을 일본의 관여 증대로 메꾸려 한 것도 사실이며, '한국 조항'은 그러한 성격도 지니고 있었다.

박정희 정권에게는 일본의 역할 증대가 미국의 관여 감소로 이어진다고 한다면, 그것은 원하던 시나리오가 아니었다. 한국은 어디까지나 미국의 확실한 관여를 최선으로 생각하고 있었기 때문이다. 게다가 한국 사회는 자국의 안전보장에 과거 자국을 침략 지배한 일본이 깊게 관여하는 것에 대한 강한 경계심을 지니고 있었다. 박정희 정권으로서는 그러한 여론을 고려하지 않을 수 없었다.

하지만 미국의 관여 감소가 불가피하다면 그것을 일본이 메꾸는 것을 차선책으로 받아들일 수밖에 없었다. 닉슨 정권의 주한 미군 철수에 따라 한국의 방위산업 육성을 미국은 장려하였고, 그를 위해 필요한 중화학공업화에 일본이 협력하는 것은 안전보장을 둘러싼 한미일 관계에서 보면 당연한 결과였다.

따라서 한일의 경제협력은 정부 간의 협력을 개재하여 이루어졌다. 1967년 이후 일본 측은 거의 매년 외무대신, 재무대신, 통상 산업 대신, 경제기획청 장관, 한국 측은 외교부 장관, 부총리 겸 경제기획원 장관, 재무장관, 상공부장관 등의 주요 각료로 구성된 한일 정기각료회의가 서울과 도쿄에서 상호 개최되었다. 멤버 구성에서 알 수 있듯이 주요한 의제는 경제협력이나 무역에 관한 것이었다. 3억 달러 이상으로 한 민간 투자를 5억 달러 이상으로 '증액'한 것이나 애초 예정을 변경하여 청구권 자금 일부를 한국 정부가 원하는 종합제철소를 위해 사용한 것 등이 결정되었다. 일본의 경제협력을 한국의 경제 발전과 정치적 안정에 기여하도록 얼마나 유효하게 실시할까에 초점이 맞춰짐과 동시에 한일의 경제적 격차나 산업구조의 차이 등을 반영한 이해 대립을 어떻게 타협할 것인가가 논의되었다.

더욱이 한일의 경제협력이 한일 각자의 정부 여당 세력을 직·간접적으로 강화한다는 역학도 성립되었다. 한일 협력으로 한국의 경제성장에 박차가 가해진 것은 결과적으로 정권의 실적을 올려 정통성을 높이는 데도 기여했다. 박정희 정권은 1967년의 대통령 선거, 국회의원 선거에서 압승했다. 더욱이 1969년에는 반대 세력을 억압하면서 3선 개헌(대통령의 3선을 금지했던 헌법을 개정하여 3선이 가능하도록 했다)을 달성했다. 다른 한편으로는 일본의 자민당 정권도 고도 경제성장을 달성함으로써 일당 우위 체제를 확립하여 야당의 정권 교대 가능성을 봉쇄하는 데 성공했다.

5. 국민 차원에서 본 한일 '1965년 체제'

재일교포와 그 존재

이러한 '안보 경제협력'이라는 과제를 한일 양 정부는 상당 부분 공유하고 있었으나, 그것이 어느 정도 한일 국민 사이에서도 공유되었는지는 의문이다. 1965년의 국교 정상화에서 한일 간에 가로놓인 여러 문제, 특히 역사에 관한 여러 가지 문제는 한국 사회가 만족할 만한 방향으로 해결되지 않았기 때문이다. 따라서 한일 양 국민 모두 국교 정상화를 '축복'하는 분위기는 아니었다. 또한, 시간의 경과에 따라 부정적인 평가가 해소되어 '축복' 받는 것으로 변한 것도 아니었다.

한일 국교 정상화 교섭 이외의 가시적인 정부 간 관계는 국교 정상화까지는 부재했다. 국교가 없음에도 불구하고 일본은 주요 무역국 중 하나이고, 특히 김이나 텅스텐 등의 1차 생산품의 주요한 수출국이었으나, 사활적으로 중요한 무역 상대까지는 아니었다. 또한, 사람의 이동에 관해서도 일부 '재일교포' 실업가 등 비즈니스의 이동을 제외하면 거의 닫혀있었다. 국교 정상화 당시, 1년간 이동한 사람은 겨우 1만 명, 하루에 30명 조금 안 되는 사람들이 이동했다는 이야기이다.

우선 하나는 '재일교포'라고 해서 자유롭게 왕래할 수 있던 것도 아니었다. 한편으로는 한국 정부에 비판적인, 북한에 친근감을 가진 사람들의 입국은 허용되지 않았다. 게다가 당시 재일교포의 다수파는 한국 정부에 비판적이고 북한에 친근감을 가진 사람들이었다. 또 다른 하나는 재력이 없는 '재일교포'의 입국, '이주'는 원칙적으로 인정하지 않았기 때문이다.

재일교포에 대한 한국 정부의 이러한 제한적인 정책의 허를 찌른 것은 1950년대 말에 추진된 북한 정부에 의한 재일교포 귀환사업이었다. 원래 일본에 있었던 많은 재일교포는 남한 출신으로, 북한이 고향인 사람은 적었다. 그런데도 이 시기, 일본인 배우자를 포함하여 약 9만 명의 재일교포가 북한을 '조국'으로 하여, 그러한 '조국'의 건설에 공헌한다는 목적으로 일본을 '단념'하고 한국도 '버리고' 이주한 것이다. 그것은 재력 있는 사람만의 이주를 허용한 한국 정부와는 대조적이었다. 하지만 희망을 지니고 귀국했음에도 많은 수의 귀국자가 귀국 후 어떠한 시련을 경험하였는지는 상상하기조차 어렵다.

일본 사회는 1945년까지 조선을 식민지 지배하고 있었는데도 불구하고 조선이 일본으로부터 독립한 이후에는 기본적으로 '무관심'으로 일관했다. 일부의 인양자나 식민지지배에 어떤 형태로든 관여한 사람들은 지속적인 관심을 보였으나, 이들은 일본 사회에서는 소수파였다. 당시의 일본인에게 한반도와 접점이 있었다면 그것은 바로 옆에 존재했던 재일교포 사회였다. 많은 재일교포는 취직 등에 있어 차별을 받는 것이 다반사였고, 요즘에 '3K(한국에서 말하는 3D 업종과 같은 뜻-역주)'라고 불리는 직업 밖에 취직이 어려웠고, 실업자는 많았으며, 일본 사회 안에서도 최빈곤층을 형성하고 있었다. 그것이 다시 재일교포에 대한 일본 사회의 차별을 증폭시키는 '악순환'이 반복되었다.

가까운 존재인 재일교포에 대한 차별, 편견, 그리고 꼭 가깝지는 않지만 한국 본국에 대한 '무관심'이 당시의 일본 사회의 한국에 대한 인식을 구성하고 있었다. 따라서, 그러한 지배라는 과거에서 '해방'되어 '무관심'이 된 일본 사회에 있어 '식민지지배에 대한 책임'과 같은 역사 인식이 공유되기는 어려웠다.

얼굴이 보이지 않는 관계

눈앞에 놓인 중요한 문제는 1952년 '이승만 라인'이라는 일방적인 선포와 그에 따른 라인 '침범' 어선의 나포와 어민의 억류였다. 특히, 야마구치현 등의 어민에게 있어 큰 위협이 되었다. 라인 선포 전부터 1965년까지, 나포된 어선은 327척이었고, 억류된 어민은 3,911명에 달했다. 일본 정부는 '이승만 라인'을 인정할 수 없었기 때문에 이에 저항하다가 억류된 어민의 석방을 위해 교섭을 진행해야만 했고, 범죄 등의 이유로 한국으로 강제 퇴거당해야 했지만, 임시방편의 하나로 나가사키의 오무라 수용소에 수감되어있던 재일교포의 석방을 교환의 대상으로 삼아 교섭을 진행했다. 이승만 정권의 '반일' 자세는 구체적으로 '이승만 라인'을 둘러싼 대립을 통해 현재화됨으로써 일본 사회에 각인되었다.

한편으로 한국전쟁을 통해 명확해진 것과 같이 한국은 일본에 있어 '반공의 방파제'이며 관심을 가져야 할 대상이었지만, 다른 한편으로는 한국에 대한 이미지가 좋다고 하기엔 어려웠고, 대북한 이미지와 비교했을 때도 북한 쪽을 지지하는 좌익세력은 물론이고, 그렇지 않은 사람들도 한국보다는 북한에 대한 이미지가 더 좋았을 정도였다. 따라서 한일관계는 '얼굴이 보이는 관계'와는 거리가 멀었고, 일본 사회에서는 '무관심'인 한국 사회는 '식민지배의 한'이라는 이미지가 일반적이었다. 이러한 상황에서 양국의 시민이 상대방에 대해 무엇을 생각하고, 어떻게 생활하고 있는가 하는 관심을 가질 여유조차 없었다.

각기 다른 양국의 국교 정상화 비판론

이러한 상호 간의 이미지가 1965년의 한일 국교 정상화에 대한 평가에도 그대로 반영되었다고 할 수 있다. 국교 정상화에 대한 한일 양국의 반대운동 비판론 사이의 괴리를 지적할 필요가 있다. 한일 각자 국내에 대한 비판의 화살이 완전히 어긋났고, 그것이 국경을 초월한 비판의 연대를 불가능하게 했다. 이러한 상황은 그 이후, 정부 간의 화해를 시민사회 간의 화해로 연계시키는 데도 애로가 되었다.

한국 국내에서는 무엇보다도 '과거 청산'이 충분히 이루어지지 않은 점을 비판하며 '민족주의'라는 이름으로 철저한 '탈식민지화'를 요구했다. 식민지지배에 대한 일본의 사죄가 충분히 이루어지지 않은 점, 식민지지배에 관한 청산이 '배상'이나 '보상'이 아닌 '청구권'이나 '경제 협력'이라는 형태로 '뒤바뀐 점', 게다가 애초 막연하게 생각되어왔던 몇십억 달러가 아닌 무상 3억 달러라는 '소액'이 된 점 등 당시 한국 사회의 평균적인 일본에 대한 관점을 기준으로 하면 박정희 정권의 대일 외교는 '저자세' 또는 '굴욕적'으로 비추어졌다.

그에 반해 일본 국내 비판의 화살은 '냉전에 휘말려들었다'라는 식이었다. 미국과 반공 아시아 여러 국가와의 사이에서는 공산주의의 확대에 대항하기 위해 1950년대부터 '동북아시아 조약기구NEATO'의 가능성이 논의되고 있었는데, 한일 국교 정상화는 바로 그를 위한 포석이라는 비판이 반대 세력 사이에 회자되었다. 그리고 일본이 한반도 냉전에 더욱 '더 휘말리게 되었다'라는 식으로 이해되어 일본의 '평화가 빼앗겼다'라고 비판되었다. 그 외에 '한국에 대한 수탈을 강화'함으로써 독점자본이 더욱

더 강화된다는 비판도 있었다. 어쨌든 이러한 비판의 공통점은 '식민지지배에 대한 반성'이라는 문제의식은 거의 존재하지 않았다는 점이다.

장기적인 한일교섭 중단의 원인이 된 '일본의 조선 통치는 조선인이 은혜를 입은 측면도 있다'는 1953년 10월의 제3차 한일회담에서의 일본 측 수석대표 구보타 간이치로가 행한 '구보타 발언'과 조약 체결 직전인 1965년 1월 일본 측 수석대표 다카스기 신이치高杉晋一의 기자회견에서 '일본은 사죄하라는 이야기가 있으나, 할 수 없다. 일본은 조선에 공장·가옥 등을 만들어주었다. 창씨개명도 조선인을 동화시켜 일본인과 같은 대우를 해주기 위해 취한 조치로 나쁜 일이었다고 만은 할 수 없다'라는 '다카스기 발언'은 당시의 일본 사회에서는 '돌출된 망언'이라고만 할 수 없었다.

솔직히 말해서, 당시 일본 사회의 역사 인식은 그 정도밖에 되지 않았다. 2차 세계대전으로 많은 희생을 당했기 때문에 '평화가 중요하다'라는 인식은 상당 부분 공유되어있었지만, 전쟁의 성격과 관련하여 '침략 전쟁'인가, 아니면 대의가 어느 정도는 있었던 '자위를 위한 전쟁'이었나 하는 논쟁이 존재했다. 중일전쟁과 태평양전쟁을 연속적으로 보면 '침략 전쟁'이라는 역사관을 가지나, 그 둘을 단절적으로 보면 '자위전쟁'이라는 역사관을 가지 게 된다. 더욱이, 만주사변을 계기로 중국을 침략한 중일 전쟁의 귀결로 태평양전쟁에 개전하게 된 것이라는 '15 년 전쟁' 역사관으로 보아도 이전의 1910년 일본의 식민 지지배를 문제시하는 역사 인식은 당시에는 소수파에 불 과했다. 메이지 이후, 제국주의 일본의 한반도 침략의 연 장선에서 중국을 침략해 태평양전쟁이 있었다는 '35년 전쟁'이라고도 불리는 역사관에 입각하면 메이지유신 이 후 일본의 근대사가 '침략 일색'이 되어버리기 때문이다. 이렇듯, 1960년대 당시의 일본 사회에서 지배적인 역사 관과 일본 제국주의 침략의 '최초의 희생'이 된 한국 사회 가 공유하는 역사관 사이에는 괴리가 있었던 것은 강조 되어야 할 부분이다.

일본은 진정으로 한반도를 이해하는 것이 아닌 한국 사회의 등신대를 세워놓고, 일본의 좌우 대립을 그대로 한반도에 투영한 셈이었다. 사회당이나 공산당 등의 좌 파 세력은 한국이 아닌 북한 쪽에 조금 더 친근감을 표했 다. 정부 자민당 등의 우파 세력은 반대로 한국 쪽에 정 통성이 있다고 보았다. 그 중간의 정치 세력은 거의 존재하지 않았다. 게다가 일본의 식민지지배에 대한 반성 등 과거의 역사 인식에 관한 문제의식을 충분히 가지지 못했다는 점은 좌우 모두의 공통점이다.

3장. 냉전의 변용과 비대칭적 상호 보완적인 한일관계: 1970·1980년대

1984년 9월 6일, 궁중 만찬에서의 쇼와 천황(우)과 전두환 대통령(제공: 아사히 신문사)

1970년대 들어서, 미국과 중국의 화해나 중일 국교 정상화 등으로 중국을 둘러싼 국제관계는 크게 변화했다. 그것은 한반도에도 적지 않은 영향을 미쳤고, 남북한 힘의 관계가 균등화되어 남북대화가 개시되었다. 더욱이, 한반도를 비롯한 동아시아에 대한 미국의 군사적 관여도 주한 미군이 감축되거나 철수를 결정하는 등 불투명한 상황이 되었다. 이러한 냉전의 변용이 한일 경제협력으로 쌍방의 경제 발전과 정치적 안정을 실현하고, 그에 따라 안전보장을 확실하게 한다는 기존의 한일관계 기본구조에 어떤 점에서 변화가 발생했고 어떤 점에서 변화가 없었는지를 고찰한다. 또한 이질적인 정치체제를 지닌 한일이 경제협력을 통해서 경제 발전과 정치적 안정을 달성하고, 마침내 한국은 정치적 민주화도 달성했다. 이번 장에서는 이질적이고 비대칭적인 한일관계가 상호보완적인 기능을 했음을 밝히고자 한다.

1. 미중·중일의 화해와 북한을 둘러싼 한일관계

미중 화해와 중일 국교 정상화

남북 분단 체제는 1948년 이후로 70년 이상 일관되게 지속하고 있다. 하지만 한반도를 둘러싼 국제관계는 격변했다. 그중 하나가 1970년대 초반, 미중 화해나 중일 국교 정상화 등으로 중국을 둘러싼 국제관계가 크게 변용한 것이다.

한국전쟁에서 교전한 주력이 미군과 중국군이었다는 데서 단적으로 알 수 있듯이 한반도 냉전은 미중 간 냉전의 구성요소 중 하나가 되었다. 1960년대 들어서면서 사회주의 진영 내부에서 중국과 소련의 대립이 심화했으나, 소련보다도 중국 쪽이 대미 강경론을 주장함으로써 미중 냉전은 한층 더 심각해졌다. 베트남전쟁의 격화는 그 상징이었다.

그렇지만 중국과 소련의 대립이 하나의 원인이 되어 미중 접근의 정치 역학이 움직이게 되었다. 1969년에 성립된 닉슨 미 공화당 정권의 최우선 과제는 베트남전쟁에서 얼마나 명예로운 형태로 철수할까 하는 것이었다. 이를 위해서는 중국과의 협력이 필요하다고 생각하여,

미중 화해를 모색했다. 결과적으로는 군사력에 의해 북베트남 주도의 공산화 통일이 실현되었다. 이렇듯 베트남전쟁은 미국의 완전한 패배였으나, 미중 화해는 미국 외교의 새로운 가능성을 열어주었다.

중국의 마오쩌둥은 대미 전쟁의 필연성을 어느 시기까지 진지하게 생각하고 있었지만, 문화대혁명 등에 기원한 국내 정치의 혼란을 외교 실적으로 커버할 필요가 있었고, 더욱이, 대만('중화민국')에 대한 외교적 우위를 확보하기 위해서 미중 화해의 이점을 인식하게 되었다. 게다가 중국의 대미 접근은 중소대립에 직면한 중국의 소련에 대한 견제력을 증대시킬 것으로 판단했다. 다만, 중국이 급하게 미중 화해로 키를 돌린 것은 북한에 혼란을 불러일으키고, 북중관계를 동요시켜 외교적으로는 부정적인 영향을 초래하였다.

미중 화해는 일본 외교에도 중대한 변화를 불러일으켰다. 일본은 미국과는 달리 정치적으로는 중국을 승인하지 않으나 경제적으로는 중국과의 교류를 한층 더 깊게 하는 '정경분리' 더 나아가 중국과 대만을 동시에 국가로 승인하는 이른바 '두 개의 중국' 정책을 모색하고 있었다. 중국은 잠재적인 시장으로 큰 매력을 가지고 있고, 미국과 같이 적대 일변도로 갈 수는 없었기 때문이다. 따라서, 미중 화해는 일본의 머리 너머에서 이루어졌다는 의미에서는 '환영할 만한 일은 아니었다'라고 할 수 있으나, 대중 접근의 가능성을 모색한 일본 외교에는 결과적으로 '가는 날이 마침 장날'과도 같은 것이었다. 다나카 가쿠에이田中角栄 정권은 정권 수립 직후 수상 스스로 중국을 방문하여 1972년 9월 29일 중일 국교 정상화를 달성했다.

한반도에 대한 다면적 영향

미중 화해, 중일 국교 정상화는 한국에 있어서는 '내편'이었던 미일이 갑자기 '적'이었던 중국과의 화해로 방향을 전환한 것이었다. 이로 인해 한미·한일관계에 동요가 발생하게 되었다. 또한, 중국의 국제적 영향력이 커지는 것은 북한에 유리하게, 한국에는 불리하게 작용한다고 인식되었다.

게다가, 미중 화해는 남북 분단 체제에도 중대한 영향을 끼칠 가능성이 있었다. 남한과 북한이 미중 화해를 받아들여 남북 화해로 이어지는 하나의 시나리오였다. 실제로 이 시기, 분단 후, 처음이라고 할 수 있을 정도로 본

〈표1〉 1인당 GDP의 남북 비교(달러)

	북한	한국		북한	한국
1970	386	287	1995	222	12,597
1971	415	309	1996	479	13,411
1972	446	332	1997	462	12,381
1973	480	416	1998	456	8,235
1974	518	575	1999	452	10,588
1975	561	629	2000	462	12,161
1976	574	850	2001	476	11,480
1977	589	1,076	2002	468	13,068
1978	605	1,434	2003	471	14,561
1979	622	1,821	2004	473	16,356
1980	638	1,752	2005	548	19,197
1981	652	1,925	2006	575	21,547
1982	807	2,037	2007	597	23,914
1983	793	2,246	2008	551	21,295
1984	744	2,459	2009	495	19,128
1985	722	2,521	2010	571	23,091
1986	805	2,872	2011	639	25,172
1987	836	3,596	2012	645	25,538
1988	764	4,801	2013	668	27,228
1989	811	5,880	2014	698	29,330
1990	735	6,677	2015	650	28,841
1991	663	7,705	2016	667	29,423
1992	593	8,190	2017	686	31,781
1993	503	8,939	2018	688	33,622
1994	384	10,428			

제공: United Nation Statistical Division National Accounts-Analysis of Main Aggregates(AMA)

격적인 남북대화가 실현되었다. 1971년, 남북 적십자회담이 개시되었고, 그것이 정부 간 비밀교섭으로 발전하여 한국의 이후락(중앙정보부 부장)의 평양 방문, 북한 박성철(제2 부수상)의 서울 방문을 거쳐, 1972년, '자주·평화·민족대단결'이라는 남북통일을 위한 3원칙에 합의한 7·4 남북공동성명이 발표되었다.

결과적으로 이 남북대화는 남북의 화해를 향한 걸음이라기보다는 남북의 새로운 단계의 경쟁을 선언하는 것이었다. 그 이전의 정치·경제 면에서의 북한 우위, 외교 면에서의 한국 우위라는 도식으로부터 남북한은 함께 정치·경제·외교 면에 있어서 본격적인 경쟁을 서로 의식하게 된 것이다. 남북한은 서로의 국내 체제가 동요하지 않도록 내부 단속을 강화했다. 더욱이 미국과 중국은 한반도 문제를 정상회담의 의제로 삼았으나 남북관계의 현상 변경을 주도한 것이 아니라 남북 분단이라는 현상을 유지하기 위해 관리하기로 했을 뿐이었다.

북중 간의 긴밀한 관계를 전제로 하면 한국이 중국과의 관계를 즉시 정상화할 가능성은 희박했다. 한국에게는 베트남전쟁에서 완전 승리를 추구하지 않고 철수함으로써 월남을 '버리는' 것으로 보였고, 미중 화해로 대만을

'버린 것'과 같이 미국은 한국 또한 '버리는 것'은 아닌가 하는 경계감이 증대했다. 한국은 종래, 북한보다도 우위의 입장을 점하고 있던 UN에서 북한을 지지하는 중국이나 제3세계 국가들의 영향력이 확대되는 상황에 한국의 우위가 자동적으로는 보증할 수 없으므로 UN에 대한 의존을 줄이려고 하였다. 이렇게 되자 박정희 정권은 남북 대화를 진행하여 남북관계를 '민족 내부의 문제'로 바라보며 유엔을 남북의 우열을 겨루는 장으로 이용하는 일에 더는 구애받지 않는 자세를 보이게 되었다.

그렇다면, 이러한 변화가 한일관계에 어떠한 영향을 주었을까.

중국에 대한 한일 대응의 차이를 두드러지게 함으로써 한일을 이간시키려는 역학을 작동시키고 싶어 하는 측면이 있었다. 중일 국교 정상화는 일본의 투자처나 무역 상대로 중국이 부상하는 것을 의미했다. 1970년대의 한중 관계는 여전히 홍콩과의 중계 무역에 지나지 않았다. 그러한 의미에서 대중 관계의 프론티어 확대는 일본에 한정되어있었고, 한국에게는 기회의 확대로 이어지지는 않았다.

반면, 박정희 정권이 '반중'에 머물고 있었던 것은 아니다. 외교에 관해서는 유연성을 발휘하여, 종래의 '반공'으로 문을 잠가놓았던 외교 공간을 확대하려고 하였다. 한편으로는 북한과는 본격적으로 체제 경쟁에 나선다는 관점에 서서, 한국은 북한을 괴뢰로 보고 교섭 상대로 인정하지 않았던 종래의 자세에서 이제 남북한의 상호 승인과 국제 승인으로 나가야 한다는 '두 개의 코리아 정책'으로 전환했다. 1973년 '6·23 평화통일외교정책에 관한 대통령 특별선언'을 발표하여 대공산권 외교나 UN에 대한 남북한 동시 가입 가능성을 열었다. 따라서, 한국으로서도 중국과의 관계 개선의 기회를 모색하고 있었다고 보아야 할 것이다.

그렇다고는 하지만, 1970년대의 북중관계는 여전히 견고했다. 특히 대립 중인 중국과 소련은 공히 북한을 '아군으로 만들고' '적으로 돌리지 않기' 위해서 어느 정도 양호한 관계를 유지하는 것이 중요하다고 생각했다. 또한, 한국과의 관계 개선이 주는 이점이 그다지 크다고는 간주하지 않았다. 중국과 소련, 특히 중국은 한국과의 관계 개선으로 얻을 수 있는 이익보다도 북한과의 관계를 유지함으로 얻을 수 있는 이익이 더 컸다. 따라서, 한국이 대중 관계 개선을 모색하려고 했어도 중국은 냉담한

반응으로 일관했다.

북한을 둘러싼 긴장

  1970년대, 한일이 첨예하게 대립한 것은 대중 정책으로 인한 것이라기보다는 대북한 정책을 둘러싼 것이었다. 1970년대에 들어서면서 북일관계의 진전 가능성이 생겨났다. 한반도의 긴장 완화에 도움이 된다는 점에서 일본 정부는 남북대화를 환영했다. 그리고, 그에 편승하여 북한과의 관계 개선을 모색했다. 1970년대, 경제력에 있어서 북한은 한국과 길항하고 있으며, 일본에는 어느 정도 매력이 있는 경제적 프론티어였기 때문이기도 했다. 구체적으로는 다음과 같은 새로운 움직임이 보였다. 1972년부터 1973년에 걸쳐 북한의 무역·기술관계자의 일본 입국이 인정되었다. 또한, 북한의 타월 제조 플랜트 건설에 대한 일본 수출입 은행의 융자가 처음으로 인정되었다. 더욱이, 김일성 국가주석은 일본 매스컴과의 기자회견에서 북일관계의 개선에 적극적인 자세를 표시하였다. 일본 정부도 그러한 움직임을 감지하여 한국의 반응을 살피면서 '정경분리' 원칙에 따라 북한과의 관계 개선을 모색하게 되었다.

한국은 스스로가 '두 개의 코리아 정책'으로 이행하여 남북대화를 진행하고 있었기 때문에 북일 접근에 겉으로는 반대하기 어렵지만, 본격적으로 이제 막 시작한 남북 체제 경쟁의 한복판에서 북일 접근은 북한 외교의 선택 폭을 넓혀주는 것으로 한국에는 불리하게 작용할 가능성이 크다고 판단하였다. '한국이 북한과 대화하기 때문에 일본도 똑같이 북한과 대화해도 좋다'는 것은 절대 용납할 수 없었다. 게다가 여전히 일본 국내의 재일교포는 한국을 지지하기보다 북한을 지지하는 쪽이 많은 상황이었다. 그러한 일본의 상황을 박정희 정권은 일본 정부가 그것을 방치하여 생긴 결과로 보고, 이를 못마땅하게 생각하고 강하게 비판하였다.

북한을 둘러싼 이러한 한일의 긴장은 일련의 사건에 상징적으로 나타났다. 첫째, 1973년 8월 8일 점심, 전 야당 대통령 후보였던 김대중이 도쿄의 그랜드 팔레스 호텔에서 누군가에게 납치되어 한국에 보내지게 된 이른바 '김대중 납치 사건'이다. 1971년의 대통령 선거에서 '선전'한 김대중은 유신체제 성립 후 해외에서 반정부 운동을 전개했으나, 이러한 움직임을 봉쇄한다는 의미에서 중앙정보부가 김대중을 납치하여 한국으로 끌고 와 그 후에도 사실상의 연금상태에 놓였다. 이 사건의 진상은 나중에 명확하게 밝혀졌으나, 당시부터 이러한 추측은 공유되었다. 이 사건은 일본의 '주권 침해'에 해당하고, 박정희 정권에 대한 비판이 여·야당의 정치적 입장을 넘어 고양되었고, 일본 정부는 한일 정기각료회의를 연기하는 등의 대항 조치를 취했다. 그에 반하여 박정희 정권은 같은 해 11월에 김종필 수상을 방일시켜, 사죄하고 정치 결착을 꾀했다.

둘째, 1974년 8월 15일, 한국 광복절 기념식에서 문세광이라는 재일교포가 박정희 대통령을 저격하고 그 결과 영부인 육영수 여사가 총탄을 맞아 사망한 사건이 일어났다. 이 사건에 사용된 권총은 일본 경찰로부터 탈취했고 문세광 입국에 일본 위조여권 등이 사용되었기 때문에 박정희 정권은 강하게 일본을 비판하였다. 더욱이, 일본의 미디어가 이 사건은 박정희 정권이 스스로 꾸민 것이라고 비판적으로 보도하였기 때문에, 한일관계는 극도로 악화했고 한국 정부는 대일 단교 가능성을 시사하였다. 그에 대해 일본 정부는 다나카 수상 스스로가 육영수 여사의 장례식에 참석하고, 시나 자민당 부총재를 특사로 파견하여 사태수습을 도모하였다.

이러한 한일 간의 갈등은 1975년, 미야자와 기이치宮沢喜一 외상이 방한하여 한일 양국이 이 두 가지 사건을 이 이상 정치 문제화하지 않기로 하는 정치적 결착을 꾀했다. 일련의 마찰 배경에는 1960년대의 냉전 시기와는 다른 양국 관계의 성격이 두드러졌다. 다시 말해 북한의 군사적 위협을 일본은 직접 느끼지 않은 상태에서 한국과 마주하게 되었다는 점이 그 이전과 다른 점이었다.

결과적으로 나중에 뒤돌아보면, 1970년대 후반에는 북한이 일련의 일본인 납치 사건을 일으킨 데서 알 수 있듯이 북일관계가 정체 상태에 있었다고 해도 과언은 아니다. 북일관계의 진전에는 한국 정부가 계속해서 제동을 걸었다. 일본 정부 또한 한일관계를 희생시키면서 대북한 관계를 개선할 의사를 지니고 있지 않았다. 대중 관계에서는 현상 변경을 지향했지만 이를 한반도까지 파급시키려고는 하지 않았다. 이처럼 1970년대 전반에 보였던 대북정책을 둘러싼 한일의 괴리는 후반으로 접어들면서 그다지 눈에 띄지 않았고 복원되었다. 북한에 대한 위협 인식을 한일 쌍방이 공유함으로써 북한을 둘러싼 한일의 접근역학이 작동하였다.

다만, 그 후에도 한국 정부나 미디어는 1990년대 중반까지는 일본이 북한과의 접근 징후를 조금이라도 보이면 일본 외교를 '양다리 외교'라고 비판하였고, 북일관계의 개선을 견제하는 자세를 견지했다. 북일관계 개선이 남북관계의 개선에도 공헌한다는 인식이 한일 양 정부 간에 형식상으로는 1988년 7·7선언(노태우 대통령의 민족자존과 통일 번영을 위한 대통령 특별선언)에서 공유되었고, 실질적으로는 김대중 정권의 대북 화해협력정책의 출현을 기다릴 수밖에 없었다.

2. 미국의 관여 축소와 한일관계: 한미일 관계에서 한일관계로?

불투명해지는 미국의 관여

1970년대의 동북아시아는 중국을 둘러싼 국제관계가 변용하고 데탕트가 진행된 것만은 아니다. 그와 보조를 맞추듯이 미국의 탈동아시아 관여정책이 선명해졌다. 닉슨 공화당 정권은 역대 정권이 봉인해두었던 주한 미군 감축을 단행했다. 더욱이 카터 민주당 정권은, 후에 연기되어 실행되지는 못했지만, 주한 미 지상군의 철수를 일단은 단행했다.

이러한 주한 미군에 관한 미국의 현상 변경 정책은 1970년대에 들어서 돌연 출현한 것이 아니고, 1960년대부터 이미 논의되고 있었다. 미국은 중국과 소련이 일치단결하여 북한의 남침을 지원하는 것과 같은 한국전쟁형 전쟁은 중소 갈등에 따라 비현실적인 것이 되었다고 인식했다. 따라서, 주한 미군 감축으로 한국 방위에 대한 군사적 관여를 줄일 수 있다고 생각하게 되었다. 하지만 박정희 정권은 한국군의 베트남 파병이라는 결단을 통해 주한 미군의 감축 가능성을 억제하려고 하였다. 한국과 똑같이 공산주의의 위협을 받았다고는 하지만 아무런 동맹 관계도 맺지 않고 있는 남베트남을 지원하기 위해 한국군 파병을 단행함으로써 주한 미군의 일부를 베트남으로 이동시키려는 미국의 정책을 봉쇄하고자 했다.

그러나 닉슨 정권은 베트남전쟁 승리가 아닌 베트남에서 명예로운 철군을 선택했다. 따라서 한국군의 베트남 파병 필요성은 저하되었다. 아시아에 대한 미국의 군사적 관여를 줄이고 싶다고 생각한 닉슨 정권에게 주한 미군을 감축시킬 수 있는 절호의 기회였다. 미중 화해에 따른 한반도에 대한 군사적 긴장의 완화도 주한 미군의 감축에 유리하게 작용했다.

박정희 정권은 주한 미군 감축을 미국이 한국 방위에서 단계적으로 손을 떼려는 것으로 받아들였다. 또한 그것이 한국 국민에게는 안전보장상의 위기감을 고조시킴으로써 박정희 정권 지지에 악영향을 미칠 것으로 생각했다. 한편으로 주한 미군 철수에 대비한 한국의 '자주국방'을 충실하게 준비하면서도 동시에 다른 한편으로는 미국의 관여를 유지하기 위한 교섭을 진행하는 두 개의 대응을 모색했다. 한국의 핵 개발 시도는 이러한 궁극의 선택이었다. 박정희 정권은 핵 개발을 시도하였으나, 이것은 핵 불확산NPT 체제를 견지하는 미국의 이해와 정면으로 충돌하였다. 따라서 핵 개발 진행을 미국에 과시함으로써 미국이 한국의 핵 개발을 사실상 인정할 것인가 아니면 한국 방위에 대한 관여를 지속할 것인가라는 양자택일을 하도록 압박을 가한 것이다. 결과적으로 카터 정권은 한반도의 군사 정세를 재평가하여 주한 미 지상군 철수를 연기하기로 결단하였다. 연기라고는 하지만 실질적으로는 철회였다. 이에 따라 박정희 정권도 핵 개발을 단념하였다. 그 후, 1979년 10월 26일에 박정희가 부하 김재규 중앙정보부장에게 살해당함으로써 박정희 정권은 종언을 맞이하였고, 한국의 핵 개발은 결국 없던 일이 되어버렸다.

한일의 접근

이러한 '한미의 불협화음'은 안전보장 면에서도 경제적인 면에서도 한일의 접근을 재촉하게 되었다. 1970년대의 한국의 방위산업 육성을 포함한 중화학공업화를 둘러싼 한일 협력은 그 상징이었다. 박정희 정권은 원래 중화학공업화에 대한 강한 의욕을 가지고 있었으나, 1960년대는 한국의 성급한 중화학공업화에 대한 우려를 지닌 미국의 경제 원조에 의존하고 있던 상황에서 중화학공업화를 본격적으로 진행하기는 어려웠다. 1970년대에 들어서면서, 경공업에서 중화학공업으로 산업구조는 물론이고 무역구조도 고도화할 필요성에 직면하고 있었고, 더욱이, 미국의 군사적 관여 축소에 대응하여 '자주국방'을 건설하고 방위산업과 그를 지탱할 중화학공업화를 진행할 필요를 절감했기 때문에 정부 주도로 중화학공업화에 박차를 가하게 되었다. 1973년, 박정희 대통령은 '중화학공업화선언'을 하고, 대통령 직속의 '중화학공업 기획단'을 창설하여 국유기업과 민간기업을 동원한 중화학공업화를 추진했다.

이에 대해 일본 정부와 기업은 경제협력이나 기술협력을 통해 이 정책을 적극적으로 지원하게 되었다. 한국의 중화학공업화에 구미 여러 나라보다도 일본이 적극적이었던 것은 한일이 놓인 지정학적 조건에서 한국의 안전보장이 일본의 안전보장에 직결되어있고, 한국의 방위산업 육성에 필요한 중화학공업화에 관심이 높았기 때문이다. 그런 의미에서 일본의 경제협력이 '안보 경협安保経協'인 것은 '반공의 방파제'인 한국의 정치적 안정을 위해 일본이 경제협력을 통해 공헌할 뿐만 아니라, 한국의 방위산업에 직접 관련되는 중화학공업화를 일본이 자국의 안전보장을 고려하여 적극적으로 지원하는 것을 의미했다. 게다가 박정희 정권도 명시적이지는 않았지만 '안보 경협'의 이론을 들어 일본 정부를 설득하고, 경제협력과 기술협력을 받아냈다.

그렇다고 해서 일본의 경제협력이 1960년대의 경공업 지원에서 중화학공업 지원으로 전면적으로 이행된 것

은 아니다. 한국의 노동집약적인 수출산업에 대한 중소
규모의 자본에 의한 직접투자는 계속했다. 박정희 정권
은 1970년, 부산 근처의 항만 도시인 마산에 수출자유지
역을 지정했다. 일본 국내에서 임금 상승이나 공해 규제
강화 등으로 채산이 맞지 않게 된 기업에 각종 면세 조치
등 인센티브를 공여함으로써 한국에 유치하여, 값싼 노
동력을 활용하여 노동집약적인 수출 공업제품을 생산하
여 외화를 벌어들인다는 계획이었다. 한국의 공업화는
1960년대 후반부터 경공업 중심의 수출지향형 공업화와
중화학공업의 수입대체 공업화를 병행하여 진행하는 이
른바 '복선형'이었다. 일본의 경제협력 역시 이에 맞추듯
이 한국의 자본 집약적인 중화학공업화에 대한 자본·기
술 지원과 노동집약적인 경공업에 대한 직접투자를 병행
하여 진행한다는 의미에서 '복선형'이었다.

1976년 베트남이 공산화되어 통일되었고, 아시아의 반
공 진영인 한일, 특히 베트남과 같은 분단국가인 한국은
이를 심각한 위기로 받아들였다. 그에 따라 1977년에 등
장한 카터 정권이 추구하는 주한 미군 철수 결정은 안전
보장 면에서 한미일 협력 관계에 심각한 영향을 미쳤다.
닉슨 정권의 주한 미군 감축이 한반도의 현상 유지를 염

두에 둔 것에 반해 카터 정권의 주한 미군 철수는 한반도의 현상 변경을 계획하고 있었기 때문이다. 카터 정권은 남북한 간의 중개역을 자처하였고, 남북한과 미국에 의한 '3자회담' 개최를 모색하여, 한반도의 긴장을 완화함으로써 주한 미군의 철수를 추진할 환경을 만들고자 하였다. 더욱이, '인권 외교'를 거론하며 한국의 유신체제하의 인권 상황에도 비판의 목소리를 높였다. 미국 의회도 그에 가세하여 유신체제 인권 문제가 한미 간의 중대한 쟁점이 되었다.

카터 정권의 주한 미 지상군의 철수 결정은 베트남 공산화 통일 이후, 그렇지 않아도 불안정한 동아시아의 국제관계를 필요 이상으로 유동화시키는 것은 아닌가 하는 의구심을 한일 양 정부가 공유하는 계기가 되었다. 한일 양 정부 모두 주한 미 지상군 철수에 대한 반대를 카터 정권에 요구하지는 않았으나 의원외교나 군 채널을 이용하여 카터 정권이 이 정책을 철회하도록 하는 공동전선을 펼쳤다. 그런데도 카터 정권이 철수 정책을 철회하지 않아 동아시아의 안전보장에 공백이 발생할 경우, 한일이 안보협력에 나설 가능성도 모색하게 되었다.

한일 의원외교가 가장 활발히 전개되었던 것은 1970년대였다. '한일의원간담회'가 1968년에 발족하여, 매년 서울과 도쿄를 오가며 개최되었으나, 1972년 '한일 간친회'로 개명하였다가 마침내 1975년에는 '한일의원연맹'이 되어 상설 조직으로 발전하였다.

일본 측에서는 다케시타 노보루竹下登(훗날 수상 역임) 등 자민당이나 민사당의 '친한파' 의원이 주력이었다. '군사독재' 한국이라는 이미지가 일본 사회에선 강했다. 한국보다는 북한 쪽에 친근감을 가지는 사회당이나 공산당은 물론 공명당조차도 한일의원연맹에는 불참하였다. 그후, 현재 일본의 거의 모든 정당이 참가하게 되었다. 공명당이 참가하게 된 것은 한국이 민주화된 1987년, 공산당이 참가한 것은 '한일합병' 100년에 해당하는 2010년이었다.

한국 측은 한일 국교 정상화에 진력한 김종필 등, 여당의원뿐 아니라 야당 신민당도 참여하였다.

또한, 정치가뿐 아니라 재계 인사들도 가입한 조직이 '한일협력위원회'이다. 1969년에 일본 측 회장을 기시 노부스케 전 수상, 한국 측 회장을 백두진 전 총리로 하여 발족하였고, 정부 간 관계를 보완하는 역할을 하였다. 1971년까지는 총회가 개최되었으나, 그 후에는 매년 합동상임위원회가 서울과 도쿄에서 번갈아 개최되었다.

1970년대에 들어서면서 주한 미군 감축, 더 나아가 주한 미 지상군의 철수 결정 등에 전형적으로 나타나듯이 미국과 중국의 접근에 따른 동아시아 냉전 체제의 완화에 따라 미국의 관여가 불투명해졌다. 그러한 상황 속에서 중국이나 북한을 둘러싼 인식 등에서 반드시 일치한 것은 아니었으나, 한일 양 정부 모두 한편으론 미국의 관여가 급격하게 감소하는 것에 따른 불안을, 다른 한편으로는 미국의 관여 감소를 여건으로 할 경우, 협력의 필요성을 공유하게 되었다. 그런 의미에서 1960년대와 비교하면, 1970년대의 한일관계는 미국과의 동맹 관계로 중개되기도 했지만, 이전보다 직접적인 관계의 비중이 커졌다. 정부 간 관계에도 또한 정치 관계, 경제 관계에도, 더욱이, '반공연대'에 근거한 시민사회 간 관계에서도, 한일을 직접 연대하도록 하는 정치 역학이 더 강하게 움직이게 되었다. 그런 의미에서 '한미일' 관계에서 '한일' 관계로의 이행 가능성을 가지게 된 시기이다.

1970년대의 한일관계를 형용할 때 가장 빈번하게 쓰이는 말은 '한일 유착'이다. 이것은 부패를 동반한다는 의미에서 비판적으로 쓰이는 말이긴 하지만, 1970년대의 한일관계가 1960년대와 비교했을 때 얼마나 긴밀하였는가를 표현하는 말이기도 하다고 할 수 있다. 중국, 미국, 북한과의 관계 등, 어떤 요인도 한일을 접근시키려는 쪽의 힘이 강하게 작용하였다. 또한, 미국의 한국 정책 변화는 미국이 빠질 경우 안전보장상의 우려를 한일이 공유토록 하는 것이었다.

박정희의 내셔널리즘과 일본

이러한 한일관계는 일본과 밀접하지만 관계가 복잡한 박정희라는 정치적 인물에 의해 맡겨지게 되었다. 일본에서는 호의적으로, 한국에서는 비판적으로, 박정희는 '친일파'라고 형용하는 경우가 자주 있으나, 그러한 평가는 너무 단순한 것이다. 한편으로는 박정희에게 있어서 일본은 여러 의미로 '모델'이었던 것은 틀림없다. 박정희 자신이 명명한 '유신 헌법(유신체제)'은 명백하게 일본의 '메이지유신'이나 '쇼와 유신'을 연상시킨다. 이렇듯 1970년대 한국의 정치 경제 모델은 종래 이상으로 일본형 모델로 경사한 것이며, 여기에는 박정희의 선택이라는 것이 크게 개재되어있다.

하지만 박정희는 1974년의 문세광 사건을 계기로 한 대일 강경책 등으로 한국 사회의 '반일' 내셔널리즘을 정치적으로 이용하였다. 또한, 1968년 서울 중심가의 광화문에 도요토미 히데요시豊臣秀吉의 침략을 격퇴한 한국사의 영웅, 이순신 장군의 동상을 건립하여, 국민의 '반일' 내셔널리즘을 호소하였다. 더욱이 1970년대에 들어서면 한반도 전체라기보다는 한국을 단위로 한 내셔널리즘을 강조한 '민족중흥'이라는 구호를 내세웠다.

박정희는 대국에 포위되어 농락당해왔던 한국이 자국의 운명을 어떻게 개척할 것인가라는 과제를 통렬하게 자각하고 추구한 지도자였다. 그렇기에 박정희가 추구한 것은 '반일' 내셔널리즘이 아니라 대국의 힘을 '이용'하는 것으로 대국에 필적할 국력을 획득하는 것을 지향하려고 하였다. 바꿔 말하면, '용일(일본을 이용한다)' 내셔널리즘이며, '극일(일본을 극복하여, 일본을 능가하는 강국이 된다)' 내셔널리즘이라고 보아야 한다.

3. 한일의 비대칭성과 시민사회 간 관계의 맹아

아직도 먼 나라

이렇듯 1970년대는 냉전 시기 중, 한일이 가장 접근한 시기였지만, 그것은 정·재계 등 한정된 일부 엘리트 간의 접근에 그쳤고, 정부 간 관계, 경제 관계에만 집중되었다고 해도 과언이 아니다. 그 이유는 한일이 비대칭적인 관계였기 때문이라고 할 수 있다.

일본은 일찍이 1960년대 고도 경제성장기를 거쳐 1970년에는 선진국 대열에 들어선 데 반해 한국은 개발도상국이었다. 1960년대 초반에는 '세계 최대 빈국'이라고 불렸으나, 1970년대에 들어서면 '신흥공업국NICs'이나 '아시아 신흥공업경제지역NIES'이라고 불렸듯이, 공업제품의 수출 증대를 통해 개발도상국 중에서는 매우 높은 경제성장률을 과시하였다. 그렇지만 경제력을 비롯해 한일의 국력 격차는 역력했고, 한국 경제는 일본의 기계, 부품, 원자재 수입에 의존하였고 한일은 수직적인 분업 관계를 구성하였다.

또한, 한일은 반공 진영을 함께 구성하는 이웃 나라이면서 협력 관계였으나, 정치체제 면에서 대조적이었다.

여야당의 정권교체는 없었지만, 일본은 민주주의 체제였던 것과 달리, 한국은 권위주의 체제였으며, 특히 1972년의 유신체제 성립은 정치체제에 있어 한일의 차이를 더 극명하게 보여주었다. 유신체제에서 한국의 인권 탄압의 실상이 일본 미디어 보도 등을 통해 일본뿐만 아니라 국제사회에 널리 공유되었다.

게다가, 한일의 그러한 차이가 나는 정치체제가 아무런 관계도 없이 병립하고 있었던 것은 아니다. 한국의 권위주의 체제를 일본의 민주주의 체제가 지지하고, 반대로 일본의 민주주의 체제를 한국의 권위주의 체제가 지지한다는 의미에서 상호 보완적이었다. 공적개발원조 ODA를 포함한 공적 자금이나 민간 투자에 따른 막대한 자금이 일본에서 한국으로 이전함으로써 생겨나는 이권이 한일 쌍방의 여당의 정치 자금으로 환류되었기 때문이다. 이렇듯 한일 양 정부가 상호 지지하는 것이야말로 '한일유착'을 함의하는 것이었다. 본래라면 일본에 침략을 받아 지배당한 역사를 가진 한국 사회에서 볼 때는 이러한 한일관계는 비판받아야 마땅할 일이었지만, 그것을 한국의 유신체제라는 강도 높은 권위주의 체제가 상당 정도 억제할 수 있었다.

1960년대 한일관계는 정부 간 관계나 경제 관계가 선행하고, 시민사회 간 교류는 거의 없었다. 한일 국교 정상화를 둘러싸고, '한국전쟁에 휘말려든다'라고 비판한 일본의 반대운동, '식민지지배에 대한 더욱 철저한 청산'을 요구한 한국의 반대운동이라는 양자의 '완전한 괴리'가 이를 상징했다. 이러한 시민사회의 전무한 교류는 1970년대에 들어서도 지속했다. 한일 간의 자유로운 시민 교류는 가시적으로는 이루어지지 않았다. 한국 정부가 볼 때, 일본 시민사회에는 한국이 위험시하고 있는 '좌익사상' '친북한 사상' 등이 범람하고 있어, 한국 사회의 안정을 확보하기 위해서 자유로운 교류 등은 허용할 수 없었다. 일본에서도 한국은 '군사독재' 체제이기 때문에 자유로운 교류 등은 기대할 수 없었다.

특수하고 한정된 인적 왕래

이러한 상황 속에서도 한정된 범위였지만 한일 간의 인적 왕래는 존재했다. 예를 들어, 젊은 재일교포들이 일본이 아닌 모국인 한국에서 고등교육을 받고 싶다고 생각하는 것은 어떤 의미에서는 자연스러운 것이었다. 또

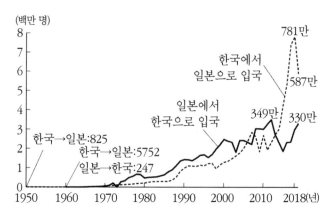

(백만 명)

한국에서
일본으로 입국

781만

587만

일본에서
한국으로 입국

349만

330만

한국→일본:825

한국→일본:5752

일본→한국:247

(제공: 한국에서 일본으로 입국한 사람 수에 대한 일본 법무성 출입국재류관리청 '출입국관리통계'. 일본에서 한국으로 입국한 사람 수에 대한 한국 법무부 출입국관리·외국인 정책본부 '출입국 관리연보')

〈도표1〉 한일의 인적 왕래 추이

한, 그중에서는 한국어 등을 공부하기 위해서 한국 유학을 선택한 사람들도 있었다.

하지만 그러한 재일교포 '유학생'이 무사히 유학 생활을 마치고 귀국한 것은 아니었다. 그중에서는 어떠한 형태로든 학생 운동 등의 정치 활동에 관여했다고 이유로 '북한의 스파이'라는 혐의를 쓴 채 국가보안법 위반이나 대통령긴급조치 위반 등으로 유죄판결을 받아 수감된 사람들도 있었다. 그중, 육친이나 지원자에 의한 지원·구원 활동이 일본에 크게 화제가 된 것이 서승·서준식 형제였다. 이 '유학생'은 한국 국적이었기 때문에 일본 정부의 보호를 받지 못한 채 나중에 1980년대 이후가 되어서야 석방된 사람도 포함해 상당히 곤란한 상황에 놓이게 되었다.

또한, 유신체제 반대운동을 전개한다는 이유로 박정희 정권이 적발한 1974년 민청학련(전국민주청년학생연맹)사건에 관련된 저널리스트 다치카와 마사키太刀川正樹, 서울대학교 대학원생이었던 하야카와 요시하루早川嘉春가 체포된 사건은 일본의 미디어에서 크게 다루어져 국제 문제가 되었다. 이러한 뉴스는 한국 유신체제에서 얼마나 인권이 탄압받고 있는지 일본 사회에 알려지는 계기가 되었다.

다만, 1970년대부터 1980년대에 걸쳐서, 한일 쌍방에게 대단히 '불명예'스러운 의미의 인적 왕래도 존재했다. 일본에서 한국으로 남성 여행객이 증가한 것이다. 물론, 이러한 사람 중에서는 비즈니스, 혹은 한국을 알고 싶어서 관광을 한 사람도 있었을 것이다. 하지만, 같은 시기 한국에서는 외화벌이의 의미도 있고 일본 여행객을 주된 대상으로 한 '기생 관광'이라는 이름의 '매춘 관광'이 공

(%)

(제공: 내각부 '외교에 관한 여론 조사' 각 연도)

〈도표2〉 일본 사회 대한·대중 인식의 변천

공연히 횡행했다. 이는 한일의 수직적인 관계를 설명하는 사례이기도 했다. 당시, 일본에서 한국 관광이라고 하면 '기생 관광'을 연상시킬 정도였다. 1990년대 이후, '먹방 관광' '미용 관광'이 융성하고, 한국 관광을 하는 여행객 중 여성의 비율이 비약적으로 증가한 것과는 매우 대조적이었다.

이처럼 1970년대 '한일 유착'이라고 표현되듯이 한일의 정·재계 간 밀접한 관계에 주목했으나, 그와는 대조적으로 한일 간의 인적 왕래는 양적으로도 한정되었고 질적으로도 매우 한정되어있었다. 그런 의미에서 이 시기의 한일관계는 정부와 재계 차원의 단층적이고 정치·경제만의 한정 영역이었으며, 시민사회 간 관계는 희박하고 취약했다. 1970년대부터 1980년대 이르기까지 내각부 여론 조사에 따르면 한국에 대한 친근감을 가진 사람의 비율은 대체로 40퍼센트 전후였다. 그다지 낮지는 않다고 생각할지도 모르나, 거의 같은 시기에 중국에 대한 친근감을 가진 사람의 비율은 60~70퍼센트를 나타내고 있는 것과 비교하면 상당히 낮다고 할 수 있다. 그뿐 아니라 일본 사회의 한국에 관한 관심도 그다지 높지 않았다.

한국 민주화 운동을 위한 연대

이런 상황 속에서도 동아시아 냉전이 1970년대에 들어서면서 데탕트의 방향으로 향함과 동시에 한반도를 보는 일본 사회의 시각에도 한국과 북한 중 어느 쪽의 체제를 지지하느냐 하는 '냉전 이데올로기적 시각'과는 다른 시각이 등장하게 되었다. 한일의 국경을 넘어 존재하는 '인권'이라는 공통 규범에 근거하여 남북관계, 한일관계, 북일관계 등을 판단하려는 시각이다.

일본에서 이러한 새로운 시각이 성립되기 위해서 중요한 계기가 된 것이 1973년 8월의 '김대중 납치 사건'이다. 이 사건에 따라 일본에서는 유신체제의 인권 탄압 상황에 주목하였고, 그러한 인권 탄압으로 희생된 김대중으로 상징되는 민주화 운동가를 지원하려는 운동이 생겼다. 이런 운동을 주도했던 인물이 아오치 신青地晨이나 와다 하루키和田春樹였다. 이들은 지식인 중심의 '한일연대연락회의'를 조직했다.

와다 하루키는 이 운동의 의의에 대하여 다음과 같이 말하고 있다. '이번 기회의 가장 중요한 것은 우리에게 한국의 민중이 보이기 시작했다는 것이다. (중략) 김대중 씨 납치 사건이 김대중의 인권 침해임과 동시에 한국의 권력이 일본의 주권을 침해한 것은 사실이다. 다만, 주권 침해론으로 정부를 비판할 경우 일본인과 한반도 사람들 관계의 과거와 현재를 생각해서, 매우 주의 깊게 잘못을 저지르지 않도록 해야 한다. 일제 36년의 식민지지배를 부정하고, 그것을 긍정하는 한일조약을 비판하고, 현재 일어나고 있는 한국에 대한 경제 침략에 반대하는 것과 결부될 때 비로소 주권 침해론은 의미를 갖는 것이다.'《展望》, 1974년 12월호)

이처럼 유신체제에서 이루어진 인권 탄압에 대한 비판이 고조되던 중, 한국의 반정부 민주화 운동과의 '연대'를 모색함으로써 한일 양 사회에 있어 인권을 증진하려는 운동이 일본 사회에 등장했다. 더욱이, 인권 탄압에도 불구하고, 일본의 정·재계가 유신체제를 지원하고 있다고 비판하는 주장을 한국의 민주화 운동 세력이 제기한 것에 대해 일본 국내에서도 그것을 진지하게 받아들여 대응할 필요가 있다는 인식이 대두되었다. 특히, 카터 정권이나 미국 의회에서 한국의 인권 탄압 상황에 대한 비판이 높아졌고, 한미 간의 긴장이 주목되고 있던 한창때 유신체제와 일본과의 '유착'에 대한 한국의 민주화 운동의 비판은 한층 더 가속화했다. 이러한 운동은 유신체제라는 권위주의 체제를 일본 정부가 지지하고 있다는 점을 꼬집어 비판했다. 이들의 주장은 한국의 민주화 운동과 연대하여 한국의 민주화를 지원하고 동시에 그 목적에 일치하는 새로운 한일관계를 구축해 나갈 필요성을 주장하였다. '이데올로기'가 아닌, '인권'과 '역사의 반성'에 바탕을 둔 한일 시민사회의 정치 세력 간 연대를 모색했다는 점에서 단순히 정부 간 관계나 경제 관계로만 환원될 수 없는 새로운 한일관계의 가능성을 보여주었다.

지적 네트워크의 형성

한국의 인권 탄압 상황을 일본 사회를 포함한 세계에 널리 알린 것이 이와나미쇼텐의 잡지《세카이世界》1973년 5월호부터 1988년 3월호까지 'T·K생'이라는 펜 네임으로 게재된 글이었는데, 1972년 이후, 사실상 일본에 '망명'해 있었던 지명관(잡지《사상계》의 전 편집장으로 당시 동경여자대학 교수)이 그 저자라는 사실이 2003년에 알려졌다. 이 연재 기사는 당시, 자유로운 언론이 극도로 탄압되는 상황에서 한국의 민주화 운동이나 노동운동 등의 동향을 생생하게 전함으로써, 유신체제나 그 후계 체제인 제5공화국·전두환 정권이 얼마나 인권 탄압적인 체제인가를 일본의 미디어를 통해 일본뿐 아니라 전 세계에 전달했다. 이런 정보 전달에 관해서는 인권 의식이나 민주주의 가치관에 민감하고, 세계적인 네트워크를 가진 교회 세력의 공헌이 컸다.

1970년대에 들어서 마침 일본 사회가 박정희 정권과는 다른 민주화 운동의 존재를 인식하게 된 것과 마찬가지로, 한국 사회도 '비판 대상으로서의 일본' 뿐만이 아니고 '한일연대연락회의'나 '한국으로부터의 통신'과 같은 이른바 '양심적인 세력'도 일본에 존재한다는 것을 인지하게 되었다.

더욱이, 1976년에 출판된 스미야 미키오隅谷三喜男의 저서 『한국의 경제』는 마산 수출 자유 지역에 대한 분석 등에 근거하여 국내의 이중 구조와 대외 의존 구조에서 기인한 한국 경제의 취약성을 명확하게 드러냈다. 결국, 이러한 분석은 유신체제하의 한국 경제를 비판적으로 이해하는 시각을 제공하고 한국의 민주화 운동에도 적지 않은 영향을 주었다.

한국의 민주화 운동에 대한 일본의 지적 영향력은 1980년대에 들어서 한층 더 현저하게 드러났다. 민주화 운동의 전략과 관련하여 한국 사회를 어떤 성격을 지닌 나라로 이해할 것인가를 둘러싸고, 한국의 사회과학계에서 광범위하게 전개된 '한국 사회구성체 논쟁'은 마침 전전부터 전후에 걸쳐 일본의 사회과학계에서 전개된 '일본 자본주의 논쟁'의 지적 영향을 강하게 받았다고 할 수 있다.

4. '포스트 박정희 시대'의 한일관계

전두환 정권의 탄생과 '신냉전'

1979년 10월 26일, 박정희 대통령이 부하인 김재규 중앙정보부장에 의해 살해됨으로써 유신체제는 종언을 맞이하였다. 유신체제는 박정희 개인과 일체화하고 있었기 때문에 당연한 귀결이었다.

이제 한국 정치는 민주화를 향해 달려가고 있는 듯 보였다. 그 흐름을 누른 것은 한국의 군부였다. 박정희 정권기에는 군부가 정치의 전면에 포진했던 것은 아니지만, 박정희 사후, 권력의 공백을 메우고 재빨리 대두한 것은 육군사관학교 11기생 전두환을 중심으로 한 '신군부 세력'이었다.

같은 해 '신군부 세력'은 '12·12 쿠데타'라고 불리는 군내 쿠데타에 의해 '우유부단한 선배 군인들'을 숙청한 후, 최규하 대통령을 배후에서 조종하며 권력을 침탈하였고, 마침내 1980년 5월, 광주민주화항쟁에 대한 탄압을 계기로 순식간에 정치 전면에 나와 정치 권력을 완전히 장악하였다. 유신 헌법을 철폐하고, 대통령 간접 선거 역할을 담당했던 통일주체국민회의를 해산시켰다. 하지만 대통령 간접 선거 제도와 국회의원 선거에 있어서 1선거구 2인 의원의 중선거구제는 그대로 존치했다. 이렇듯 유신 헌법과 비슷한 헌법을 새롭게 제정하여, 제5공화국을 출범시켰다.

박정희라는 일본과 특별한 관계를 지닌 지도자에 의한 통치가 18년이나 장기간 계속되었지만, 박정희의 죽음과 그에 따른 정치 변동은 한일관계에도 중대한 영향을 미쳤다. 게다가, 광주민주화항쟁에 대한 탄압을 거쳐 새롭게 등장한 전두환 정권인 만큼, 어떠한 관계를 재구축할지 일본 정부로서도 판단을 내리지 못하였다. 정보나 인적 네트워크도 없었기 때문에 독자 판단을 하는 것도 어려웠고, 미국의 대응을 곁눈질로 보면서 모색할 수밖에 없었다.

1980년을 전후로 하여 한미관계를 둘러싼 상황은 격변하고 있었다. 1979년, 아프가니스탄 침공을 계기로 소련의 팽창주의 경향에 초점이 맞춰져 '소련위협론'이 대두되고 '신냉전'이라고 불리는 새로운 국제정치 상황이 나타나게 되었다.

1981년에 미국에서 새롭게 등장한 레이건 정권은 소련의 군사적 위협을 재확인하였고 소련과의 군비 경쟁에 박차를 가했다. 이러한 정책 변화가 대한對韓정책에서도 반영되었다. 레이건 정권은 박정희 정권과 카터 정권 사이에서 코리아 게이트 사건(한국 정부에 의한 미국 국회의원 매수 공작 사건), 한국의 핵 개발 등, 여러 가지 긴장 요소로 인해 동요해왔던 한미관계를 회복하려고 했다.

한국 방위에 대한 관여를 재차, 명확하게 한 레이건 정권과 광주민주화항쟁에서 폭력적인 탄압을 통해 정권을 탈취했다는 '부채'를 떠안은 전두환 정권 사이에서 내란음모죄로 사형판결을 받은 김대중의 사형집행 정지 및 '해외 망명'과 전두환 대통령을 국빈으로서 초청한다는 사실상의 교환 조건을 통해 관계 회복을 시도했다. 일본의 스즈키 젠코鈴木善幸 정권도 한일의 정상적인 관계를 구축하기 위해 김대중의 사형집행을 중단하는 것이 중요하다는 점을 전두환 정권에 전달하고 설득했다. 일본 정부로서는 김대중 납치 사건과 그 정치 결착이라는 과거에도 불구하고, 전두환 정권이 군사재판에서 김대중에게 사형을 언도한 것을 비판했다. 일본 국내에서도 김대중 구명운동이 펼쳐지고 있어 일본 정부로서도 이를 무시할 수는 없었기 때문이다.

'제2의 국교 정상화'로서의 '안보 경협'

이러한 한일관계의 재구축 과정에서 전두환 정권은 신 정권의 부양을 꾀하기 위해서 100억 달러 상당의 차관을 일본에 요청하였다. 전두환 정권은 정권의 실적을 만들 기 위해서도 일본에서 얻은 차관을 경제 안정과 발전에 활용하고, 정치적 안정을 확보하려고 했기 때문이다.

전두환 정권은 그를 위해서 안보 경협의 논리를 내세 웠다. 1985년 이후의 한일 협력은 사실상 '안보 경협'이 었으나, 한일 양 정부는 함께, 또 각자의 국내 여론을 배 려하여 안보 경협이라는 말을 명시적으로 사용하지는 않 았다. 일본에서는 '한반도 냉전에 휘말리는 것'을 경계함 과 동시에 한국의 '군사독재' 정권에 대한 지원을 비판하 는 국내 여론이 적지 않게 존재했기 때문이다. 한국에서 는 왜 한국이 일본의 안보를 위해 '희생'되어야 하는가 하 는 비판이 존재했기 때문이다.

하지만 전두환 정권은 스즈키 정권에 대해 '한국은 일 본의 안전보장을 위해 공헌하고 있으므로 일본은 그 대가 로 한국에 경제협력을 해야 한다'라는 안보 경협의 명분 을 공공연하게 내세우며 일본에 대한 거액의 차관 공여를 요구하였다. 스즈키 정권으로서는 총액 100억 달러에 달하는 거액의 요구였던 점, 그리고 전두환 정권이 안보 경협의 이론을 공공연하게 꺼낸 것에 대해서도 놀랐다.

결국, 총액 40억 달러의 차관ODA을 일본 정부가 공여하는 것으로 1983년에 한일 양 정부는 합의하였다. 일본에서는 그동안 스즈키 정권에서 나카소네 야스히로中曽根康弘 정권으로 교체되었으나, 기본적인 골격은 이미 스즈키 정권 때 합의된 것으로, 나카소네 정권하에서 그것을 실현했다고 보면 될 것이다. 이 교섭 과정에서 정부 특사로서, 한국의 정·재계나 '신군부 세력'과 파이프를 가지고 있었으며 전 관동군 장교 출신으로 시베리아 억류후 귀국하여 이토추 상사 상담역으로 있던 세지마 류조瀬島龍三의 역할이 주목되었다. 레이건 정권은 이미 전두환 정권에 대하여 지지했기 때문에, 일본 정부에 대해서도 '안보 경협'에 긍정적으로 대응하도록 요청하였다.

이렇듯 '신냉전' 상황의 도래와 더불어 미국의 중개로 한일이 공공연하게 '안보 경협'을 하는 구도가 성립되었다. 이것은 '제2의 국교 정상화'라고도 불렸듯이 1965년의 한일 국교 정상화 구도를 방불케 하는 것이었다.

'한일 신시대'

나카소네 정권과 전두환 정권 사이에는 '한일 신시대'라는 슬로건이 제창됨과 동시에 1983년 1월에는 나카소네 수상의 공식 방한, 1984년 9월에는 전두환 대통령의 국빈 방일 등 정상 간의 상호 방문이 실현되었다.

이승만은 1948년, 1950년, 1953년의 세 번에 걸쳐, GHQ 혹은 UN 사령부의 초청에 따라 비공식 방일을 했다. 특히 1953년의 방일 때는 요시다 시게루 수상과의 정상회담이 있었다. 박정희는 1961년 대통령 취임 전에 국가재건최고회의 의장 자격으로 방일하였다. 하지만 어느 경우도 대통령으로서의 공식 방일은 아니었다. 일본에서는 1967년 6월의 박정희 대통령 취임식 출석을 위한 사토 에이사쿠 수상의 방한, 1974년 8월 영부인 육영수 여사의 장례식 참석을 위한 다나카 가쿠에이 수상의 방한이 비공식적으로 있었을 뿐이었다.

1972년 박정희 대통령의 공식 방일이 예정되어있었으나, 10월의 유신체제 성립으로 방일은 취소되었다. 이렇듯 1970년대에는 한일 정부 간 관계가 밀접했는데도 불구하고, 정상 간의 상호 방문은 양국 국내에서의 신중론으로 말미암아 실현되지 못했다.

당시, 레이건 대통령과 나카소네 수상 간의 친밀한 개인적 관계를 의미하는 '론·야스 관계'라는 말이 유행했다. 한일 사이에서도 이와 같은 정상 간 친밀한 관계가 형성되었다. 한일 간에서는 나카소네 수상의 야스쿠니 신사 공식 참배(1985년)나 일본의 역사 교과서 문제를 둘러싼 마찰(1982년과 1986년) 등으로 역사 문제가 재점화될 가능성도 있었으나, 양 정부는 갈등이 확대하지 않도록 관리하였다. 한국에서는 '반일'이 아니라 '극일'이 중요하다라는 사설이 주요 신문을 장식했다. 이렇게 보면 1980년대에 들어와 한일 모두 정권이 교체됨으로써 한일관계는 한층 더 밀접해졌다고 볼 수 있다.

하지만 1980년대는 '직접적인 양자 관계'에 치우쳤던 1970년대의 한일관계가 1960년대와 같이 '한미일 관계 속의 한일관계'로 다시금 회귀했다. 무엇보다도, 한일관계에 있어 미국의 비중이 1970년대에 비해서 비약적으로 커졌다. 미국이 중개 역할을 했기 때문에 1980년대의 한일관계에 마찰이 두드러지게 나타나지 않았다고도 볼 수 있다. 초기에 안보 경협을 둘러싼 교섭이 있었고, 역사 문제가 재점화될 수 있는 징후도 나타났지만, 그것이 억제되어 이후의 한일관계는 특별한 쟁점이 현재화하지는 않았다.

전두환 정권 입장에서는, 취약한 정통성 기반을 미일 등의 지원으로 보전할 필요를 느끼고 있었기 때문에 대미, 대일관계에 신경을 쓸 수밖에 없었다. 미일 입장에서는 '신냉전'이라는 상황에서 한국의 전략적 가치를 재평가하고 한국과의 관계를 중시하였기 때문이다. 1919년생으로 식민지 시대 교육을 받은 박정희와 한자를 많이 쓰지 않고 '한글' 교육을 중시했던 이승만 정권기에 중·고등교육을 받은 1931년생 '한글세대'인 전두환은 일본과의 거리감이나 생각에서 상당한 차이가 있었다. 예를 들어, 나카소네 수상과 전두환 대통령이 '한일 신시대'를 제창하였다고 해도, 1970년대만큼의 친밀함은 없었을 것이다.

1980년대의 한일관계에는 이상과 같이 '신냉전'에 대응하는 한미일 협력이라는 요소뿐만 아니라 '냉전의 종언'에 대한 한미일 협력이라는 요소가 중시되었다. 특히, 개혁 개방과 함께 중국의 국제적 비중이 높아지고, 그에 따라 대중국 외교에서도 변화가 도래했다. 1980년 모스크바 올림픽에 서방의 여러 나라가 보이콧을 선언하였고, 많은 사회주의 국가들이 1984년 로스앤젤레스 올림픽을 보이콧했음에도 불구하고, 중국은 루마니아 등과 함께 로스앤젤레스 올림픽 참가를 결정했다. 참고로 서울 올림픽에는 북한, 쿠바, 알바니아를 제외한 소련 및 동구 사회주의 국가들이 모두 참가하였다.

이렇듯, 1970년, 1980년대, 한국이 지속적인 경제 발전을 달성하고 그 경제력을 증대시켜 세계 경제에서 차지하는 비중이 높아짐에 따라 중국이나 소련 그리고 동구 사회주의 국가들은 '북한과의 관계를 희생시키면서까지 한국과의 관계를 개선할 이유가 없는' 상황에서 '북한과의 관계를 희생시키더라도 한국과의 관계를 개선할 필요가 있는' 상황으로 크게 변화한 현실에 직면하게 되었다. 북한을 압도하는 경제력을 가진 한국과의 무역이나 경제협력이 훨씬 매력 있는 것으로 변하였기 때문이었다.

한국의 북방외교

이러한 상황 변화를 잘 살린 것이 한국의 '북방외교'였다. 한국은 1970년대부터 이미 대공산권 외교에 힘을 기울이고 있었으나, 1980년대에 들어서는 1960년대 서독의 '동방정책'을 참고로 하여 북한을 배후에서 지원해온 중국과 소련을 비롯한 사회주의 여러 국가와의 관계를,

먼저 스포츠나 경제 등의 비정치 분야에서 시도하고, 교류를 심화시킴으로써 정치 분야 관계로 확대해갔다. 지속적인 경제 발전으로 한국이 획득한 경제력을 무기로, 북방외교를 전개하였다. 이렇게 하여 1989년의 헝가리와의 국교 정상화를, 1990년에서는 소련과 1992년에서는 중국과의 국교 정상화를 이룩하는 성과를 냈다.

한국의 북방외교에 대해 미일은 기본적으로 협력적인 자세를 취하였다. 여기서 '기본적으로'라고 표현한 것은 한국의 북방외교에는 미일 등의 힘을 빌려 진행한 측면과 한국이 독자적으로 직접 접근을 꾀하는 두 가지 측면이 동시에 존재했기 때문이다. 일본은 북한을 빼고 모든 사회주의 국가와 국교를 가지고 있었던 만큼 한국으로서는 사회주의 국가들의 동향을 파악하는데 일본 경유 정보는 매우 귀중했다. 또한, 일본을 사회주의 여러 국가와의 접촉의 장으로 활용했다. 한국이 스스로 외교의 약점을 보강하여 북방외교를 성공하기 위해서 일본과의 협력은 필수 불가결한 것이었다. 한편으로 일본도 한국이 사회주의 여러 국가와 관계를 개선하여 북한과의 외교 경쟁에서 우위를 갖게 되는 것이 일본의 국익에도 플러스가 된다고 인식하였다. 따라서 한일 양국은 서로에게 외교협력은 필요하고도 유리한 일이었다.

더욱이, 한국이 일본에 '반공의 방파제'였던 것처럼 한반도 정세는 일본의 안전보장 환경에 극히 중요했다. 따라서 나카소네 정권은 정권 성립 이전 단계부터 전두환 정권을 지지하기 위해서 '한일 안보 경협'을 결단했을 뿐 아니라, 실질적으로 교차 승인(한반도에 있어 남북 공존의 제도화를 위해 종래 국교가 없었던 미일과 북한, 중국과 소련과 한국과의 국교 정상화를 도모한 것)과 남북한 UN 동시 가맹을 축으로 하는 '두 개의 코리아 정책'을 내건 전두환 정권의 입장을 측면 지원했다. 즉, 일본은 한국의 외교적 약점이었던 중국과 소련 등 사회주의 여러 국가를 상대로 활발하게 움직였다. 또한, 북한과의 사이에는 큰 파이프를 가지고 있지 않은 상황에서 한국뿐 아니라 북한에도 상당 정도의 영향력을 확보함으로써 한반도 전체에 대한 일본의 영향력을 가능한 한, 확보하려고 노력하였다. 기본적으로는 한미와 보조를 맞췄으나, 한미와는 다른 일본의 독자적인 영향력을 발휘한 면도 있었다.

한국은 점차 북한에 대한 국력의 상대적 우위를 자각하기 시작했기 때문에, 남북이라는 틀 안에 북한을 끌어들이는 것을 기본으로 하면서도, 필요할 경우 중국과 소련과의 관계 개선에 미일의 영향력을 이용하려고 하였다. 일본은, 한반도의 평화는 일본의 안전보장 환경에 중요한 요소가 되기 때문에, 이러한 한국의 요청에 협력하면서도 일본의 주도권을 통해 영향력을 확보하기 위해 대중, 대소, 대북한 외교를 전개했다. 1980년대 일본 외교가 세계 2위의 경제력을 지닌 국가라는 의미에서 또 나카소네 정권이라는 장기 정권이 외교를 통해 국제적 영향력을 증대시키고 있었다는 점에서 일본은 외교력을 발휘하기 쉬운 여건에 있었다. 그러나, 그 이후 이러한 일본의 외교력은 냉전의 종언, 경제력의 상대적 저하, 외교의 전략성 결여로 인해 저하되고 말았다.

다만, 한국의 북방외교는 미일에 전면적으로 의존한 것은 아니었다. 독자적인 루트로 중국과 소련 등 사회주의 국가들과의 관계 개선을 모색했다. 한국으로서는, 외교상의 비밀을 유지해야 하는 면도 있고, 독자적 루트를 개척하여 자력으로 사회주의 여러 국가와의 관계 개선을 꾀해야만 하는 상황도 고려해야 했기 때문이다. 또 사회주의 국가들은 한국의 수출 시장이나 투자처로서 유망하다는 인식을 지니고 있었기 때문에 이들 지역을 둘러싸고 차츰 한일이 경쟁 관계에 돌입하게 되는 상황은 충분히 예상할 수 있는 일이었다.

5. 비대칭적인 한일 협력과 대칭화의 여러 측면

한국의 민주화와 서울올림픽

1987년 6월, 한국은 종래의 권위주의 체제에서 민주주의 체제로 크게 방향 전환을 하고 있었다. 대통령 직선제를 채용하고, 기본적 인권의 존중을 담은 민주적인 현 헌법이 여야당 합의와 국민 투표로 성립되었고, 그 헌법에 근거하여 1987년 2월 대통령 선거가 치러졌다. 다만, 야당 후보인 김영삼과 김대중의 단일화가 실패하여, 결과적으로는 36.6퍼센트라는 지지율로 여당 노태우 후보가 당선되었고, 여야 정권 교체는 실현되지 못했다. 권위주의 체제에서 민주주의 체제로의 이행은 달성했지만, 여야 정권 교대는 봉인된 것이다.

일본 정부는 한국의 민주화를 표면적으로는 바람직하다고 생각했다. 그렇지만 일본은 당시의 전두환 정권에 맞서는 민주화를 위해 영향력 행사를 명시적으로 행하지

1987년 6월 23일, 민주화 운동의 학생들(제공: Patrick Robert-Corbis/ Getty Images)

는 않았다. 그런 의미에서 계엄령을 선포하지 않도록 하고, 더 나아가 의원 내각제로의 개헌안을 타협책으로 제시하는 등, 간접적이긴 하지만 한국의 민주화를 위해 적지 않은 영향력을 행사한 미국 정부와 대비된다. 일본은 권위주의 체제인 한국과의 관계에 타성에 젖어 기득권이 형성되어있었다고 할 수 있다. 그러한 한국의 민주화에 불안을 느끼지 않았다면 그것은 거짓말이다.

그렇다고 한국이 권위주의 체제가 아니라면, 그러한 관계나 이익을 유지할 수 없는 것도 아니었다.

그런데, 1987년의 한국의 민주화를 떠받쳐준 것은 다름 아닌 지속적인 경제 발전이며, 그에 관해 일본은 경제협력을 통해서 조금이라도 역할을 했다고 생각했다. 1980년대 전반의 '한일 안보 경협'은 전두환 정권에 대한 지지의 측면도 있으나, 전두환 정권하에서의 비교적 양호한 경제 발전이, 민주화를 향한 한국 정치의 전개에 방해 요소가 아닌 촉진 요인이 된 것도 주목해야 할 점이다. 선진 민주주의 일본과 개발독재 한국이라는 비대칭 관계는 있었으나, 그 협력 관계가 한국의 선진국화, 민주화를 촉진하여 결과적으로 한일을 대칭적인 관계로 만든 것이다.

또 하나, 1980년대의 한일관계에서 중요한 문제가 1988년의 서울올림픽이다. 원래 1988년 올림픽 개최지에 입후보하려고 했던 것은 박정희 정권이었다. 다만, 박정희 정권은 2차 오일쇼크 등으로 경제 상황이 악화하자 그 생각을 단념했다. 전두환 정권이 들어선 후 급히 입후보하기로 했으나, 유력한 경쟁 상대는 일본의 나고야였다. 격렬한 경쟁을 거친 후 1981년 서독의 바덴바덴에서 열린 국제올림픽위원회IOC 회의에서의 투표 결과, 서울 개최가 결정되었다. 사전 예상으로는 나고야가 유리하다는 보도가 일본에서 흘러나왔기 때문에 낙담은 컸다. 그

1988년 9월 10일, 서울올림픽 개회식(제공: 아사히 신문)

후, 민주화를 둘러싼 국내 정치의 격동 속에서 일시적으로 개최 자체가 위험에 빠진 적도 있었지만 결국은 민주화를 거쳐 성공리에 올림픽이 개최되었다. 서울올림픽은 일본뿐 아니라 전 세계의 TV를 통해 방영되어 경제 발전과 민주화를 달성한 한국의 모습을 과시하였다. 일본에서도 많은 관광객이 방문하였고, 이전에는 별로 잘 알지 못했던 서울, 한국의 모습이 일본에서도 알려지게 되어, 한국은 일시에 가까운 사이가 되었다. 내각부의 여론 조사에 의하면 한국에 대한 친근감이 처음으로 50퍼센트를 넘긴 게 1988년이었다. 다만, 그 후 다시 한번 친근감을 가진 사람의 비율은 저하되었다가, 재차 50퍼센트를 회복한 것은 2000년이었다. (3장 3절 〈도표2〉 참조, 128쪽)

민주화 이후, 한국 정치는 1990년 2월의 보수 3당 합당으로 경상도에 지역적 지지 기반을 둔 보수 정권이 노태우, 김영삼 2기에 걸쳐 10년간 지속했다. 민주주의 근간이라고 할 수 있는 여야당 간의 정권 교체는 1997년 12월의 대통령 선거 때까지 기다려야만 했다. 정권 교대가 없었기 때문에 한국의 민주화가 곧바로 한일관계 구조에 중대한 변화를 가져온 것은 아니었다. 다만 한국 민주화는 중장기적으로 한일관계의 구조를 크게 변화시켰다.

이렇듯 1970~1980년대를 거쳐 한일 협력은 일정 부분 성과를 거두었고 민주주의 체제, 선진자본주의 시장경제라는 정치·경제체제를 한일은 공유하게 되었다. 그러한 의미에서 비대칭적인 관계로 출발한 한일관계는 약 4반세기에 걸친 협력을 경험함으로써 대칭적인 관계로 변했다. 이러한 변화의 원동력으로 한일 협력만을 얘기할 수는 없지만, 상당 정도 영향이 있었다는 점은 부정할 수 없는 사실이다. 다만, 일본이 그것을 목표로 공헌했다기보다 그렇게 하는 것이 일본의 이익이 된다고 생각한 결과이다.

한일관계가 비대칭적이기 때문에 협력이 쉬운 측면도 있었다. 1980년대까지와 같이 한국이 비민주적인 체제였기 때문에 한일 협력에 대한 저항을 상당 정도 억제할 수 있었고 결과적으로 원만한 한일 협력이 가능했다. 또 한일 협력의 성과로 한일 간 국력 격차가 좁혀졌다고 일본이 그에 민감하게 반응할 필요도 없다. 서로 비대칭적이었던, 바꿔 말하면, 서로 너무도 달랐던 점이, 상호 협력에 따른 손익계산에 관해, 누릴 이익에는 민감했지만 부담할 비용에는 그다지 민감해야 할 필요성을 없애주었다.

한일 경제 마찰

비대칭적인 관계에서도 한일 사이에는 마찰이나 대립이 존재했다는 점은 강조되어야 할 것이다. 하지만 상호 '둔감함'이, 마찰이나 대립을 의식한 나머지 대립이 격화되는 것을 막아주었다. 혹은 그것을 상회하는 협력에 의한 이익의 존재를 상호 간에 명확하게 인식하고 있었다.

그중 하나가 이 시기에 현재화한 한일 경제 마찰이다.

1980년대에 들어서, 한일 경제협력에는 다음의 두 가지 경향이 현저히 나타났다.

첫째, 한국의 지속적 경제성장에 따라 한일 간 경제적 격차가 급속하게 축소되었다. 그 결과, 구미 여러 국가 등 제3국 시장을 둘러싸고 한일의 경쟁이 전개된 것이다. 1985년 '플라자 합의'에 따른 엔고 원저가 정착됨에 따라, 한국의 수출 제품의 가격 경쟁력이 일본 제품을 상회하게 된 것이 그 이유 중 하나이다.

둘째로 한일의 분업 관계는 여전히 기본적으로 수직적 분업 관계였다. 이 두 가지의 다른 측면이 집약되어 나타난 문제가, 한국의 대일 무역 적자의 증대로 시작된 한일 경제 마찰이다.

1980년대까지의 한국 경제는 일본에서 기계, 부품, 원자재를 수입해서 그것을 사용하여 가공한 후 완성품을 생산하여 수출함으로써 경제성장을 견인하는 역할을 하였다. 따라서, 한국의 수출이 증대되면 증대될수록 일본으로부터의 수입도 증대되기 때문에 대일 무역 적자도 한층 더 심해지는 구도를 지니고 있었다. 한국의 주요한 수출처는 구미 선진국이며, 일본 시장 개척은 무척 곤란했다. 현재도 일본에서 한국제 자동차나 전자 제품의 시장 점유율이 다른 나라에 비해서 극단적으로 낮은 것은 일본 시장의 개척이 얼마나 어려운지를 잘 보여준다. 다만, 그때까지만 해도, 대일 무역 적자가 한국 경제 대일 종속의 상징이며, 한국의 경제성장 과실이 일본으로 흘러간다는 비판이 한국 국내에서는 제기되어왔다.

더욱이 한일의 경제 격차가 좁혀짐에 따라, 대일 무역 적자를 시정해야 한다는 주장을 한국 정부가 제기하였다. 또 한국 정부가 1978년에 도입한 것이 '수입선 다각화 품목제도'이다. 이것은 어느 한 국가에 대한 수입 의존도가 높은 품목에 한해서, 리스크를 줄이기 위해서 수입선을 다각화하도록 의무를 부과하는 정책이었다. 다만 결과적으로 그 대상이 된 것은 한국의 가장 큰 수입국인 일본의 수입품이었다. 이것은 국내 여론과 리스크 관리를 고려한 불가피한 조치였지만 한국 경제의 대일의존 체질을 전제로 하면서도 그것을 어떻게든 타파하고 싶다는 '고육지책'으로 나온 정책이기도 했다.

이러한 와중인 1986년, 일본에서『한일 경제 마찰-한국 이코노미스트와의 논쟁』이라는 책이 출판되었다. 저자인 마쓰모토 고지松本厚治는 한국 대사관에 근무한 경험을 지닌 통산성 관료였다. 그는 한국의 대일 무역 적자를 어떻게 생각하는가 하는 문제를 두고 한국의 경제학자들과 벌인 논쟁을 소개하는 책을 발간했다. 마쓰모토의 주장은 다음과 같다. '한국의 대일 무역 적자는 한국의 산업구조나 무역구조를 고려하면 어쩔 수 없는 것이다. 무역은 양자 관계뿐 아니라 다각적으로 생각해야 하며, 한국의 대일 무역 적자도 그처럼 다자 무역 속에서 봐야 한다.' 이에 대해 한국 경제학자의 응답은 다음과 같았다. '한국의 대일 무역 적자의 증대는 역시 그 자체가 문제이며, 그것을 축소해야 한다. 그리고, 그를 위해서는 한국의 산업구조가 더욱 고도화될 필요가 있다고 생각하고 있으나, 그것을 달성하기 위해서는 무엇보다도 일본에서 한국으로의 기술이전이 중요하다.' 한국 정부가 상정한 것은 한국 경제의 대일 종속의 상징인 대일 무역 적자의 시정을 일본에서 기술이전을 통해 실현하는 것이 전략이라고 생각했다.

그때까지 일본에서 한국 경제 분석으로 대표적인 것은 스미야 미키오『한국의 경제』(1976년)와, 와타나베 도시오渡辺利夫의『현대 한국 경제 분석-개발 경제학과 현대 아시아』(1982년)이다. 전자가 한국 경제에 관해 비관적인 전망으로 일관하고 한다면, 후자는 한일의 수직적 분업이야말로 한국 경제의 발전을 가져올 수 있다고 주장하고 있다는 점에서 대조적이다. 하지만 둘 다 한일의 수직적 분업 관계를 어쩔 수 없이 주어진 것으로 전제하고 있다는 점에서는 공통적이다.

반면 마쓰모토 씨의 저서 『한일 경제 마찰』은 한일의 수직적인 분업을 하나의 여건으로 보지 않고, 한일 쌍방의 경제학자 모두 시정해야 할 문제라는 인식을 어느 정도 공유했다는 점에서 앞의 두 저자와는 대조적이다. 이 배경에는 한일 경제 관계가 종래와 같이 상호 보완적인 수직적 분업 상황을 더는 주어진 것으로 봐서는 안 되고, 오히려 일종의 경쟁 관계로 돌입했다는 인식의 공유가 존재한다.

대칭화에 따른 대한 의식의 변화

종래는 한일 사회의 가치관 괴리와 더불어 교류나 정보 교환이 별로 없었기 때문에 국민 차원의 상호 이해에는 한계가 존재했다. 따라서 한국에서는 여전히 한국을 지배했던 과거(戰前과 戰中)의 일본 이미지가 강해서, 전후 일본이 과거와 비교했을 때 무엇이 어떻게 변화했는가의 시점은 매우 약했다. 일본에서도 한국은 '군사독재로 뒤떨어진 나라'라는 이미지가 강했고, 전전 일본이 한국을 지배함으로써 형성된 한국에 대한 멸시와 함께 일본 사회에서는 재일교포에 대한 차별이 상당이 남아있었다.

그와 관련하여, 당시 일본 사회, 그리고 한일 간에 문제가 된 것이 재일 한국인의 지문등록 문제였다. '외국인 등록법'은 일본에서 1년 이상 재류한 열여섯 살 이상의 정주 외국인에 대하여 등록 시에 본인 확인을 위해 지문 등록을 의무화했고, 게다가 5년마다 갱신 때도 같은 의무를 지니고 있었다.

그에 대하여 '민족 차별'이라고 재일교포를 중심으로 지문등록 거부 운동이 전개되었다. 그것은 한일 양 정부 간의 쟁점으로 비화하여 1992년에 외국인 등록법 개정에 따라 영주자 및 특별 영주자의 지문등록 제도는 폐지되었다. 이는 종래에는 문제시되지 않았던 문제가 1980년대에 비로소 '차별'로 문제시됨과 동시에 한일 양 정부 간에 재일교포의 인권 문제가 본격적인 의제로 부상한 것을 의미한다.

더욱이, 한일의 대칭화와 더불어, 등신대의 한국과 마주하여, 거기에서 생활하는 사람들의 사회, 일상생활을 알고 교류하려고 하는 지금까지 없었던 자세가 일본 사회에서도 등장한 것이다. 세키가와 나쓰오関川夏央『서울의 연습문제-이문화에 대한 투시 노트』(1984년)는 이러한 한국에 대한 새로운 관심의 모습을 선구적으로 보여주었다.

또한 이러한 일본 사회의 한국에 관한 관심 증대에 따라 NHK TV·라디오는 한국어 강좌를 1984년에 최초로 개설했다.

당시 일본에서는 '조선어'라는 명칭이 일반적이었다. 오사카외국어대학(현재 오사카대학)과 도쿄외국어대학에서도 '조선어학과'라는 명칭이 사용되고 있었다. 하지만 한국에서는 일반적으로 '한국어'라는 말이 사용되고 있어 일본 정부에 대해서도 '한국어'라는 명칭을 사용할 것을 요구하였다.

같은 시기 일본의 방송에서는 한국이나 북한의 인명은 일본어 음독을 하고 있었다. 예를 들어 박정희는 '보쿠세이키'였다. 그렇지만 이 시기부터 한국의 이름, 지명 등의 고유 명사를 일본어 음독이 아니라 한국어의 원어 읽기로 소개하게 되었다. 박정희를 '박정희'라고 부르게 된 것이다.

일본에서는 1945년 이전을 표현하는 역사 용어나 지리적인 용어로서 '조선'이 일반적이었다. 대한민국을 '한국', 조선민주주의인민공화국을 '북조선'이라고 부르는 것이 일반적이었다. 다만, 일부에서는 '남조선' '북조선'이라는 명칭을 써야 한다고 주장하는 사람도 있고, 또 '북조선'이라는 명칭은 부적절한 것으로 지적되기도 했다. 영어로 말하면 'Korea'라는 말로 쓰면 되겠지만 일본에서는 '한국' '조선'이라는 두 가지의 말을 어떤 식으로 사용해야 하는가 하는 것이 새로운 문제로 부상했다.

결국, NHK는 '한국어'도 아니고 '조선어'도 아닌 '안녕하십니까 한글 강좌'라는 너무나도 부자연스러운 프로그램 이름을 고육지책으로 채용했다.

이처럼 외교 안보, 정치, 경제로 환원되지 않는 한일관계가 보이게 된 것도 사실이다. 그리고 한일이 대칭적으로 변함에 따라 일본에서의 한국 이미지도 점차 변화했다. 한국은 일본과 '다르고' '뒤떨어진' 나라가 아닌, 일본과 가치관을 공유할 수 있는 국가가 되었다는 새로운 이미지이다. 일본은 이전부터 '아시아의 유일한 선진국'이라고 자타공인 인정받았지만, 한국의 존재는 이에 대한 수정을 요구하게 되었다. 일본으로서는 비로소 서로 이해해줄 수 있는 '동료'가 생겼다는 '기대'를 갖게 되었다.

한국 입장에서도 경제적 선진국화로 보나 정치적 민주화로 봐도 이웃 나라 일본은 앞으로 한국이 밟고 나아가야 하는 미지의 영역에 관한 수많은 도전을 이미 어느 정도 해결해온 나라이고, 다양한 경험을 배울 수 있는 '교재'였다. 물론 일본뿐 아니라 구미 선진국도 '교재'가 될 수 있으나, 문화적인 유사성 등을 고려하면 일본이 가장 가까운 '교재'가 될 수 있다고 생각하게 되었다.

다른 한편으로는 대칭화라는 것은 우열을 둘러싸고 싸우는 경쟁 관계가 될 수도 있다. 이미 1980년대에는 경제면에서 제3국시장을 둘러싼 경쟁에서 한일은 서로 부딪치고 있었고, 일본에서는 발전한 한국이 일본의 아주 강한 경쟁 상대가 될 수도 있다는 '부메랑 효과'가 논의되기 시작했다. 또한, 한국에서 말하는 '극일'은 '일본을 극복한다' 즉 '일본을 따라잡고 추월한다'라는 의미로도 사용되는 단어이다.

이처럼 한일 간에 있어 공유되는 부분의 증대와 경쟁의식의 증대라는 두 가지 측면이 1980년대 말에 형성되었다. 이 두 가지 측면이 1990년대 이후 어떤 관계성을 가지고 전개되어갈지 당시에는 불투명하였다. 다만, 어

느 쪽이냐고 한다면 한일의 공유 부분 증대가 상호 이해
를 증대시켜 한일관계를 양호하고 생산적인 것으로 발전
시킬 수 있다는 낙관적인 언설 쪽이 더 많지 않았을까.

4장.
냉전 종언과 대칭적 한일관계의
도래: 1990·2000년대

2012년, 서울의 일본대사관 앞에서 수요집회에 참석하는 전
'위안부' 당사자들과 젊은이들(제공: 아사히 신문사)

경쟁, 대립으로

베를린 장벽의 붕괴, 소련의 해체 등, 1990년 전후를 경계로 글로벌 냉전은 종언을 맞이했다. 또한 한국의 지속적 경제 발전, 정치적 민주화, 북방외교의 성과 등으로 인해 남북체제 경쟁은 한국 우위로 귀결되었다.

종래 냉전으로 인한 남북 분단하 체제 경쟁에서 일본과 경제협력을 통한 한국의 우위 달성이라는 한일 양국의 협력 목표는 달성되어 그 사명을 일단은 다했다. 그 대신 한국과 일본은 북한의 핵, 미사일 개발이라는 새로운 위기에 대응해야 하는 상황에 직면하였다. 한국과 일본은 무엇을 위해 협력을 해야 하는가, 그리고 무엇을 만들어낼 것인가라는 새로운 도전에 직면하게 된 것이다. 이러한 새로운 과제 설정과 그에 대한 대응을 한일 양국이 어떠한 형태로 자기 변혁을 이루면서 수행해나갔는지 고찰한다. 특히 그 도달점이 1998년의 '한일 파트너십 선언'이었다. 이 선언의 의의에 대해서도 언급할 것이다.

이 선언에 동반되는 행동 계획이 채택되었지만, 이후의 한일관계는 영토 문제, 역사 문제, 대북 관계 등을 둘러싸고 협력보다는 경쟁, 대립이라는 측면이 도드라졌다. 한일관계가 표류했다고 말해도 과언이 아닐 정도다.

이러한 한일 협력의 필요성과 경쟁, 대립에서 기인하는 한일 갈등이라는 현실, 이러한 두 개의 측면이 어떻게 얽히면서 한일관계가 전개되어갔는가, 그리고 그중에서도 왜 갈등의 측면이 더 두드러지게 나타났는지에 대해 고찰하고자 한다.

1. 한일관계의 구조 변용: 비대칭에서 대칭으로

파워의 균형화

2차 세계대전 종결 후 75년 이상이 지난 한일관계의 변화를 한마디로 표현하자면 그것은 '비대칭에서 대칭으로'의 변화이다. 대체로 1990년쯤을 경계로 하여 그 이전을 비대칭기로, 그 이후를 대칭기로 나눌 수 있다. 이번 장에서는 '비대칭에서 대칭으로'라는 변화를 구체적으로 살펴보고자 한다. 따라서 여기서 다루는 시기는 1990년대, 2000년대에 제한되지 않고 현재에 이르는 시기를 포함하고자 한다.

첫째로, 국력(파워)의 '균형화'이다.

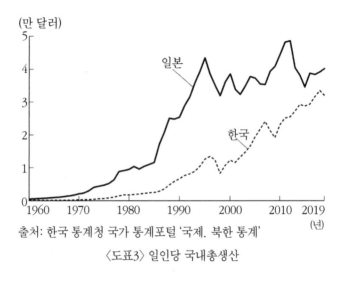

(만 달러)

일본

한국

〈도표3〉 일인당 국내총생산

　국내총생산GDP 등을 비교해보면 여전히 일본이 우위에 있지만, 1인당 GDP 등을 비교해보면 한국과 일본의 경제적 격차가 급속하게 줄어든 것을 명확하게 알 수 있다. 1970년 시점에서 일본의 1인당 GDP는 한국의 7배였던 것에 비해, 2018년에는 1.3배로 줄어들었다. 내가 느끼기에도 한국과 일본 양국의 생활 수준은 거의 똑같은 것으로 느껴진다.

　대신 국력은 경제력만으로 판단할 수 없다. 군사력도 중요한 요소이다. 또한, 파워는 소유 개념만이 아니고 관계성의 개념이기도 하여 쟁점 영역이나 어떤 나라와의 관계인가에 의해 파워는 상대화된다. 나아가 '구조적인 힘structural power' '소프트파워soft power'와 같은 개념이 특히 냉전 종언 후 제시된 것처럼, 규범을 설정하는 힘이나 문화, 예술 면에서의 매력 등도 해당국이 타국이나 세계 전체에 영향을 미칠 수 있는 힘으로 고려된다.

이러한 점을 생각해보면, 1980년대까지의 한국과 그 후의 한국은 국제정치에서 영향력을 지닌 나라로, 또한 '한류'로 대표되듯이 문화면에서 세계적인 영향력을 갖는 나라로 비교가 되지 않을 정도로 차이가 크다고 할 수 있다. 이것은 국제사회에서 한국과 일본의 주장이 대립하는 경우 어느 쪽의 주장이 더 많은 공감을 획득할 수 있을지를 둘러싸고 전개되고 있는 경쟁에서도 나타난다. 이렇듯 단순히 양적으로 수치화된 의미뿐만 아니라 국제사회에의 영향력이라는 점에서도 한국과 일본이 균형을 이루게 된 것은 틀림없는 사실이다.

가치관의 균질화

둘째로 체제 가치관의 '균질화'이다.

1980년대까지는 일본은 선진 자본주의국가이며 민주

주의 체제였지만 한국은 개발도상국이며 권위주의 체제였다. 하지만 그 이후로는 한국과 일본은 선진자본주의 시장경제와 민주주의 체제를 공유하게 되었다. 1980년대까지의 한국과 일본은 다른 가치관에 기반하면서도 상호 보완적인 관계를 구성해왔지만, 1990년대 이후로는 균질적인 가치관에 기반한 새로운 상호관계를 구축하며 나아가야 한다는 과제에 직면하게 된다. 체제 가치관을 공유한다는 것은 상대국에 관한 관심이나 이해가 깊어진다는 점을 의미한다. 유신 체제 한국의 인권 상황을 비판했던 일본 사회에 대해 한국 사회의 일부분에서는 '위로부터의 시선'이라며 오히려 반발할 때도 있었다. 하지만 민주주의와 인권의 존중을 한국과 일본은 대등한 입장에서 공감할 수 있게 되었다.

하지만 그 후의 전개를 보면 한일 양 사회에서 받아들여지는 가치관의 해석이 완전히 일치된 것 같지는 않다. 따라서 공유하는 체제의 운용 메커니즘도 상당 부분 다르게 될 수 있다. 또한, 그러한 해석의 차이나 운용 메커니즘 차이를 서로가 존중하지 않고, 그 차이에서 기인한 마찰이 생기고 있다고 말해도 과언이 아니다. 같은 '정의'라는 가치관에 대해서도 일본에서는 '약속이나 합의를 지킨다'라는 것과 같은 '절차적 정의'가 상대적으로 중시되는 데 반해, 한국에서는 '약자, 피해자를 포함하여 관계 당사자가 납득하고 동의했다는 의미에서 정의에 부합한다'라고 보는 '실질적 정의'가 상대적으로 중시된다.

예를 들어 일본에서는 1965년의 한일 청구권 협정에서의 '완전하고 최종적으로 해결되었다'라는 국가 간의 약속을 지키는 것이 정의에 적합한 것이라고 해석된다. 또한 '피해자 구제'라고 해도 그것은 현행법의 범위 내에서 이루어져야 하는 것으로, 그 이상의 문제는 법적 의무보다는 행정의 재량 문제로 다루어져야 한다는 것이 행정이나 사법의 장에서의 지배적인 견해이다. 그에 반해 한국에서는, 한일 청구권 협정으로 인해 인권 침해 등 피해자가 구제받지 못한 사실에 주목하여 그것을 구제해주는 것이야말로 정의에 부합한다고 해석된다. 또한 '피해자 구제'를 위해서는 협정의 조문 문구가 허용하는 범위 내에서 할 수 있는 한 유연한 해석을 시도하는 것이 정의에 부합한다는 이유로, 오히려 매우 상당히 유연한 해석이 장려되는 경향이 있다.

또한, 한국과 일본은 민주주의 체제를 공유하게 되었지만, 그 체제의 운용 메커니즘은 상당히 대조적이다.

'대의제大議制라는 틀에 기반하여 어떤 방법으로 질서와 안정을 확보할 것인가'를 중시하는 일본에 대해, 한국은 '촛불 시위와 같은 직접 민주주의에 기반한 운동으로 인해 기존의 민주주의 체제를 상대화하고 활성화'하는 것을 중시하고 있다.

2016년부터 2017년까지 주말마다 서울 중심가의 광장을 가득 채우는 수많은 시민이 촛불을 손에 들었던 집회인 '촛불 시위'가 이루어졌다. 촛불 시위의 힘으로, 2014년 4월 수학여행 중인 고등학생 등을 태웠던 세월호가 침몰하여 총 304명의 희생자가 나왔는데도 구출 지휘에 유효한 대응을 보이지 못했으며 측근인 최순실이 관여하여 국정을 위법으로 농단했다는 것 등을 이유로 박근혜 대통령 퇴진을 요구하는 움직임이 본격화하였다. 마침 같은 시기에 일본에서는 아베 신조 정권에 관한 '모리가케 문제(수상 본인 또는 주변과 관계가 있는 모리토모 학원과 가케 학원에 대해 수상 주변이 어떤 편의를 제공한 것은 아닌가 하는 의혹)'가 제기됐다. 정도의 차이는 있지만, 지도자 개인에 연관된 부정 의혹이며 견해에 따라서는 비슷한 종류의 문제라고 볼 수 있다.

그런데도 두 명이 겪은 정치적 귀결은 대조적이었다.

박근혜 대통령은 국회에서 여당 의원까지도 찬성 대열에 서서 탄핵 기소가 가결되고 더 나아가 헌법재판소에서 파면이 결정되었다. 이것을 가능케 한 것은 '촛불 시위'로 대표되는 박근혜 대통령의 퇴진을 원하는 민중의 직접 민주주의에 기반한 요구였다. 이러한 한국 정치를 보는 수많은 일본 사회의 눈은 '뭐가 이다지 소란스럽나' '정치가 혼란스럽다' '좌파의 음모다'와 같은 '차가운 눈초리'였다. 그에 반해 일본에서는 선거 때마다 여당이 압승하여 의혹이 해소되지 않았음에도 아베 정권은 마치 '모든 잘못을 용서받았다'라는 모습으로 더는 문제시되지 않았다. 이러한 일본 정치를 보는 한국 사회의 눈은 '일본의 민주주의는 도대체 어떻게 된 것인가' '일본은 정말로 민주주의 국가라고 할 수 있는 건가'와 같은 일본 민주주의에 대한 회의적인 시각으로 바라본다.

다층화·다양화하는 한일관계-한국의 대중문화

셋째, 한일관계의 '다층화·다양화'이다.

1980년대까지의 한일관계는 정부 간 관계와 경제 관계로만 대부분 집약되었다. 하지만 1990년대 이후로는 중앙정부 간의 외교 관계뿐 아니라 지방 자치 단체 간의 교류도 활발해지고 지방정부 간 관계도 성립했을 뿐 아니라 시민사회 간의 교류도 활발해졌다. 단층적인 정부 간 관계와 더불어 지방정부나 시민사회를 포함한 다층적인 관계로 이행되었다. 이것은 한국의 민주화 이후 지방 자치가 본격적으로 실시됨으로써 가능해지게 되었다. 다만, 한국과 일본의 지방정부 혹은 시민사회 간의 관계가 중앙정부 간 관계와 별도로 어느 정도 자율적으로 전개되었다고 할 수 있을까. 한일 양국이 상대적으로 중앙집권적인 체제이며 또한 인구와 각종 사회 문화적 가치가 수도권에 집중되어있기에 지방정부 간 관계가 중앙정부 간 관계에 종속되기 쉽다는 것도 인정할 수밖에 없는 사실이다.

또한 정치와 경제에만 집약되어있던 관계에 사회, 문화 등의 영역이 추가되었다. 이전에도 민간교류가 없었던 것은 아니다. 하지만 관심 영역은 반공 등과 같은 공통 가치관에 기반을 둔 민간교류였다. 하지만 그러한 '반공 협력'으로 환원될 수 없는, 예를 들면 교육, 복지, 노동 등의 다양한 문제 영역을 둘러싼 교류와 협력이 1990년대 한국의 민주화 이후 민간 사이에서 활발히 일어났다. 그 안에서도 한층 더 현저하게 이루어진 것이 문화교류이다. 일본문화가 한국에 받아들여지게 되고, 역으로 한국문화가 일본에서도 받아들여지는, 이러한 문화 영역에서의 상호 침투가 진행되게 된 것이다.

한국에서는 독립 이후 일본의 대중문화 침투에 대한 규제가 있었다. 이것은 일본에 의한 지배라는 과거를 문화적으로 떨치기 위해 택해진 조치였다. 일본 가요 및 그 영향을 진하게 받은 '왜색 가요'는 방송이 금지되었다. 일부 한국 지역에서는 일본 전파 유입은 1980년대까지는 금지되었다. 하지만 민주화 이후 특히 1990년대에 들어서면서, 반쯤은 공공연하게 위성방송 안테나가 일부 가정에 설치되어 일본의 위성방송이 '국경을 넘어' 한국에서도 시청할 수 있게 되었다. 결국 일본 대중문화 유입이 단계적으로 허용되었고 김대중 정부 첫해인 1998년에 일본 대중문화의 전면 개방이 결정되어 일본 음악이나 영화 등의 대중문화가 한국에 유입되기 시작하였다.

일본 대중문화의 유입 규제는, 애초에는 일본의 문화적 영향을 배제함으로써 문화적인 자립을 달성하려고 했던 것에 있었지만, 차츰 다른 의미도 더해졌다. 일본의 높은 문화 산업자본 경쟁력에 한국의 문화 산업자본은 철저히 맞붙을 수 없기에, 한국의 문화 시장을 일본 자본에 개방하면 일본의 문화 산업자본에 한국 시장이 지배되는 것은 아닌가 하는 걱정이 있었다. 하지만 결론부터 말하자면 그것은 기우였다. 일본의 대중문화가 한국에 받아들여지게 된 것은 맞지만 그 이상으로 한국의 대중문화가 '한류'로 일본에서도 소비되었기 때문이다. 〈겨울연가〉〈대장금〉과 같은 한국의 대표적인 드라마와 '동방신기'와 같은 한국 아이돌이 일본에서 받아들여지게 되었다. 한국의 문화 콘텐츠가 국제 경쟁력을 획득하기 시작한 것이다.

1980년까지 한국은 권위주의 체제를 겪으며 언론이나 표현의 자유가 제한되었기 때문에 그러한 문화에 대해서도 국경을 넘어선 매력을 지닐 수 있을 것으로는 인식되지 않았다. 한국의 특수성이 강조되어 그것을 이해해달라는 식으로 한국문화가 소개되고 있었다. 하지만 1990년대 이후 민주주의 체제에서 표현의 자유가 확보되고 나아가 한국문화는 치열한 글로벌 경쟁 속에 놓이게 되면서 차츰 국제 경쟁력을 가진 매력을 키우게 되었다. 애초에는 이웃인 일본과 중국 등 아시아에서의 수용이 선행하였지만, 2020년에는 영화 〈기생충〉이 아카데미 상을 받고, 아이돌 그룹 BTS(방탄소년단)가 전미 빌보드 차트에서 1위를 기록하게 되면서 어느새 아시아뿐만 아니라 전 세계적인 시장을 획득해가고 있다. 또한, 관민 협력을 통해서 전략적인 한류를 수출하기 위해 한류 스타를 광고 등에 적극적으로 사용함으로써 한국 제품의 수출에도 공헌하고 있다. 애초에는 남북 분단과 같은 한국의 특수 상황을 소재로 하는 것이 많았으나, 그러한 특수성뿐 아니라 격차나 빈곤이라는 보편적인 문제가 중요한 소재로 떠올랐다. 또한, 한국이 놓인 분단이라는 특수 상황을 소재로 하면서도 그 특수성만을 호소하는 것이 아닌, 오히려 보편적인 문제 관심에도 호소하고 있다. 한국은 인구 5000만으로 1억 2600만의 일본과 비교하면 문화 산업 자체가 처음부터 국내시장만을 대상으로 하기에는 한계가 있어, 세계시장을 겨냥하는 경향이 있다. 이러한 점이 한류가 세계에서 자리매김하게 된 중요한 계기가 되었다고 생각한다.

쌍방향화

네 번째로 한일관계의 '쌍방향화'가 있다. 1980년대까지 한국은 일본에 관한 관심이 컸으나, 일본은 한국에 관해 관심이 낮았다. 일본에서 보면 한국은 '반공의 방파제'로서 중요한 나라였지만 그러한 기능적인 존재 이상이 아닌 한국 그 자체로 관심은 높지 않았기 때문이다. 그에 비해 한국은 일본을 미국 다음으로 관심을 기울이는 나라로 보았다. 한국은 일본에 지배받은 역사가 있었기 때문에 일본에 반감을 지닌 사람은 많았으나 무엇보다도 경제적으로 일본은 미국에 이어 중요한 나라였다. 이렇듯 한국에 대한 일본 사회의 관심은 낮았던 것에 반해 일본에 대한 한국 사회의 관심은 높았다는 불균형이 존재했었다. 그에 따라 관심, 정보, 그 외의 가치 등에서도 일본에서 한국으로 향하는 방향의 흐름이 지배적이었다.

하지만 1990년대에 들어서자 이러한 한 방향만의 관계에서 쌍방향의 관계로 변해갔다. 한국 자체에 관한 관심이 일본 사회에서 증대하여 그에 따라 한국에 관련한 여러 가지 다양한 정보가 일본에 유입되기 시작했다. 특히 '한류'라는 현상은 한국문화가 일본 사회에 상당히 깊게 침투하는 것을 가능하게 했다.

또한, 한국 사회의 풍요로움의 증대와 해외여행이 활발해짐에 따라 일본을 방문한 한국인 수는 눈 깜짝할 사이에 일본의 한국 방문자 수를 넘어 2018년에는 한국의 일본 방문자 수가 약 800만 명으로 일본의 한국 방문자 수 250만 명을 현저히 뛰어넘었다. 2019년에 들어서서는 '일본의 대한 수출 관리 조치의 검토'에 대한 반발 등으로 일본 방문자 수는 급격하게 줄었으며 2020년 코로나19가 심각해짐에 따라 한일 간의 방문자 수는 급격하게 줄었다. 이점을 차치하더라도 양국의 서로에 관한 관심은 여전히 크다. 또한 한국에서 일본으로 향하는 정보, 가치의 이동은 크게 증대하였으며, 일본에서 한국으로 향하는 정보와 가치의 이동도 마찬가지이다. 때에 따라서는, 한국에서 일본으로의 이동이 더 많아지게 되었다는 점이 강조되어야 한다. 이처럼 한일관계는 쌍방향의 관계로 크게 변화되었다.

경쟁 상대가 된 일본

이상의 네 가지 점에서 '비대칭에서 대칭으로'라는 변화를 나타내기 위해 '대칭화'라고 설명했는데 이 '대칭화'라는 한일관계의 구조 변용은 한일 쌍방의 정부나 사회의 선택에 어떠한 영향을 미치며 그리고 그 결과 한일관계의 존재 방식에 어떠한 변화를 가져올까.

단지 '대칭화'라는 구조 변용이 한일 쌍방의 선택을 규정하여 그 결과 한일관계의 방식을 하나의 뜻으로 정하는 것은 아니라는 것을 유의할 필요가 있다. 그것을 전제로 하면 이러한 구조 변용을 어떻게 인식하고 대응할 것인가에 대한 한국과 일본의 정부와 사회의 선택이 중요해진다.

1990년대 이후의 한일관계를 설명하는 경우의 키워드의 하나가 '경쟁'이다. 서로의 질적 또는 양적 차이에 기반한 '공생'을 지향하는 것이 아닌, 질적으로도 양적으로도 근소한 차이밖에 없는 '대칭화' 상황에서 상대보다도 조금이라도 우위에 서려고 하는 '경쟁'이다.

일본 사회의 주류에서 보면 한편으로 한국과의 '대칭화'는 한국과 같은 선상에 선다는 것을 의미한다. 종래 한국을 '한 단계 낮게 봤던' 것에 익숙해진 사람들은 당황스러운 상황이다. 단, 한국에서 일본의 입장을 조금 더 이해해주지 않을까 하는 '기대'가 동반된다. 그러한 기대가 충족된다면 새로운 관계를 구축한다는 선택지가 현실이 될 수도 있을 것이다. 하지만 이것이 배신당할 경우에는 종래 이상의 실망감, 혐오감을 가지게 된다. 그리고 지금까지 한국에 대해 말해야 할 것을 삼가해 오히려 이러한 현상이 초래되었기에 이제 더는 배려하거나 양보할 필요가 없다는 주장이 힘을 가지게 된다. 한국에 대해서 갖고 있었던 우월의식에서 기인한 '여유'는 자취를 감추고 반대로 이제 더 이상 양보할 수 없다는 '초조함'이 앞서게 된 것이다.

한국 사회 주류에서 보면 지금까지 일본이 우위에 선다는 의미에서 즉, 수직적인 한일관계에서 일본의 협력이 필요했기 때문에 본래라면 일본에 요구해야 할 것도 자제해왔다는 인식이 존재한다. 그런데 일본을 따라잡게 되어 이제 더 이상 일본에 일방적으로 협력을 요청하지 않아도 되는 상황이 도래하였으니 지금껏 자제해왔던 요구를 이제는 당당하게 일본에 요구해야 한다는 주장이 힘을 가지게 된다. 그럼 왜 과거에는 자제해왔으나 지금에서야 그러지 않아도 되는가. 그러한 과거의 판단은 국민의 의사를 반영하지 않은 반민주주의적인 정통성을 갖지 않은 구체제에 의한 것으로 그에 따를 필요는 없다고 판단한다. 또한, 그러한 과거의 부정의를 올바르게 하는 것이 정의라는 판단이 있는지도 모른다.

하지만 한일 서로가 이러한 선택을 하게 되면 어떻게 될까. '경쟁'은 상호가 서로 힘쓰며 서로를 향상한다는 상승효과를 초래하는 것도 충분히 가능하다. 하지만 '상대에게 질 수 없다' 그러기 위해서는 '상대의 발을 잡아당겨서라도 상대보다 우위에 선다'라는 선택을 하는 경우, 비난전이 단계적으로 확대될 것이다. 게다가 상대에 대한 비난뿐 아니라 제3자를 향해 '자신의 주장만이 옳으며 상대의 주장이 얼마나 잘못된 것인가'를 둘러싼 비난전이 될 수도 있다. 한일관계의 모든 영역에 있어 이러한 비난전이 전개되고 있다고는 생각하지 않지만, 적어도 역사 문제에 관한 한국과 일본의 '역사전쟁'에서는 이러한 구도로 되어있다고 생각한다. 또한, 이러한 관계는 역사 문제에만 한정된 것이 아닌 경제나 안전보장, 기술, 학술 등의 다른 영역에도 침투해갈 가능성이 충분히 있다.

'대칭화'라는 한일관계의 구조 변용은 불가피하다. 그렇기에 '경쟁'의식이 대두하는 것도 불가피하다. 경쟁 자체는 서로에 있어 결코 마이너스적인 가치를 초래하는 것은 아니다. 역으로 플러스적 가치를 초래할 가능성도 충분히 있다. 예를 들어 스포츠 등의 분야에서 한국과 일본이 상호 경쟁을 통해 어느샌가 한국과 일본이 세계 정점에서 겨루는 경우는 종종 볼 수 있다. 한국과 일본은 그 국력에서 보더라도, 또한 국민의 교육 수준에서 보더라도 이러한 대등한 경쟁 관계가 된 것은 자연스럽다. 그러한 경쟁 관계가 상호 사회를 얼마나 생활하기 편하게 만들어가는지를 둘러싼 경쟁으로 발전해 나가는 것은 오히려 바람직하다.

문제는 그러한 '경쟁'이 '대립'으로까지 확대되는 것은 필연적이지 않음에도 불구하고 한일관계의 현상은 그러한 대립 관계에 빠지기 쉽다는 것이다. 19세기 말부터 20세기 초반 일본은 한국의 역사 앞을 가로막아 그 자율적인 전개를 방해했다는 역사적 경험이 있다. 게다가 그것은 19세기 후반 한국과 일본의 경쟁 경험의 귀결이었다. 한국에 있어 일본과의 경쟁을 '선의의 경쟁'으로 볼 수 없다는 것은 충분히 이해한다.

그것에 대해 20세기 후반의 역사는 냉전이라는 상황에 있었지만, 어찌 되었든 한국과 일본의 협력이 냉전으로 인해 귀결되었던 남북 분단 체제하의 체제 경쟁에서 한국의 우위를 확보하는 데 이바지했다. 이 두 개의 의미는 대칭적인 역사를 한일 서로가 어떻게 '안고 가느냐'이다. 이러한 지적 행위에서 경쟁이 비타협적인 대립의 방향으로만 가지 않기 위한 지혜를 공유하는 열쇠를 찾을 수 있지 않을까.

2. 냉전 종언과 한반도에의 '배당':
   남북관계의 개선과 한계

움직이기 시작하는 북한과의 대화

1990년대에 들어, 글로벌 냉전의 종언은 한반도에도 '적지 않은 영향'을 미쳤다. 한국은 소련, 중국과의 국교가 1990년, 1992년에 각각 정상화되어 1991년에는 북일 국교 정상화 교섭도 개시됐다. 노태우 정권은 1988년 7·7선언에서 외교 면에서의 한국의 우위를 전제로 북한과 일본과의 관계 개선에 반대하지 않고 지원할 것을 명백히 밝혔다. 다만 노태우 정권과 그다음 정권인 김영삼 정권도 '남북관계의 개선보다도 북일관계의 개선이 선행하지 않는 범위 내에서'라는 조건을 붙였다.

1990년부터 1992년까지 남북한 사이에 고위급 회담이 여덟 번에 걸쳐 서울과 평양에서 번갈아 개최되며 남북 기본합의와 비핵화 공동선언 등이 나오면서 글로벌한 냉전의 종언이 한반도에도 남북 평화공존의 제도화 가능성을 보여준 것처럼 보였다. 그 흐름에 호응이라도 하듯이 스파이 용의로 북한에 억류되어있던 일본인 선장들을 석방 귀국시키기 위해 1990년 9월 자민당의 실력자 가네마루 신金丸信 전 간사장과 다나베 마코토田邊誠 사회당 부위원장이 방북하여 김정일과 회담을 개최했다. 이들은 조선 노동당을 대표하는 김용순 서기와 회담을 하고 자민당, 일본 사회당, 조선 노동당이 참여하는 3당 공동선언에 합의했다. 다음 해인 1991년부터는 북일 국교 정상화 교섭이 개시되었다.

하지만 이 결과를 보고하기 위해 1990년 10월에 방한했던 가네마루 전 간사장에게 노태우 대통령은 쓴소리했다. 3당 공동선언에 '과거 일본이 36년간에 걸쳐 조선 인민에게 큰 불행과 피해를 미친 사실과 전후 45년간에 걸쳐 조선 인민에게 입힌 손실에 대해 조선민주주의인민공화국에 대해 공식적으로 사죄하고 충분히 보상할 것을 인정한다'라는 문언을 문제시했다. 식민지배뿐만 아니라 1945년부터 1990년까지의 전후 45년간의 손실에 대한 사죄와 보상을 명시한 데 대한 불만을 표한 것이었다. 이것은 한일 국교 정상화를 선행시켜 북한을 적시해온 것에 대해 사죄, 보상한다는 의미를 지닌 것으로도 해석될 수 있기에 한국 정부로서는 이를 인정하기 어렵다는 의미였다.

이렇듯 글로벌한 냉전의 종언, 외교 경쟁에서의 한국

우위에 기인하는 한국 주도의 평화공존 제도화는 북일관계의 개선에 한국이 브레이크를 걸어 견제했다는 의미에서, 북한을 둘러싼 종래의 한일관계와는 다른 양상으로 비추어졌다. 한국 정부는 북일관계의 개선 자체에 반대하지는 않았다. 북일관계의 개선이 남북관계 개선에도 플러스 요인이 될 수 있다고 판단했기 때문이다.

하지만 북한은 원래부터 한국과의 관계 개선과 그와 수반된 교류나 협력의 증대에는 경계의 자세를 보이고 있었다. 국력이 우위에 있는 한국에게 유리한 형태로 남북관계의 틀이 형성되어 북한이 불리한 입장으로 '흡수통일'의 리스크를 안고 갈 수도 있기 때문이었다. 따라서 북한은 미국과 일본과의 관계 개선이 북한에 큰 이익을 가져다준다면 그것을 남북관계 개선보다도 우선시하는 경향이 있었다.

그 결과 애써 한국 주도로 남북관계 개선을 진행했는데도 불구하고 그 움직임에 제약이 걸릴 수도 있다는 사실을 한국 정부는 우려하게 되었다. 일본 정부는 글로벌 냉전의 종언과 함께 마지막으로 남아있던 '전후 처리'인 북일 국교 정상화에 뛰어들 절호의 기회가 도래했으므로 한국의 이해만 얻을 수 있다면 그것을 실행에 옮기고 싶은 생각이었다.

이렇듯 한국 주도의 남북관계 개선을 방해하지 않는 범위 내에서 북일 국교 정상화를 점진적으로 진행한다는 점에서 일단 한일 간에 합의가 형성되었다. 한일관계의 '대칭화'는 이러한 합의 형성의 촉진 요인이 되었다. 일본 정부는 북일관계를 개선하는 것이 대한對韓 교섭력을 증대시키게 될 것이라는 인식을 지니고 북일관계 개선에 적극적으로 임하려고 했다. 단 일본에 있어 한국을 '빼놓고' 북일관계 개선을 기획한다는 것은 한일관계를 악화시키는 리스크를 동반한다. 그리고 일본으로서는 북일관계 개선으로 인해 얻게 되는 이익보다도 한일관계가 악화해 발생하는 손실이 더 크다. 따라서 한일관계가 허용하는 범위 내에서 북일관계 개선에 임하는 길을 선택했다. 한국에서 보면 '한국 주도'라는 조건이 전제이며 그것을 존중하는 범위에서의 북일관계의 진전이 바람직하다. 만일 일본이 한국을 '빼놓을' 작정으로 북일관계의 개선에 임하고 그것으로 인해 한국 주도의 남북관계 개선에 방해될 때는 일본을 향한 비판이 거세지게 된다.

북한의 핵 개발

하지만 현실에서는 한국이 허용하는 범위 내에서의 북일관계의 개선조차도 이뤄지지 않았다. 우선 남북 고위급 회담이 종료한 직후부터 남북 양측의 비핵화를 남북 핵 통제 공동위원회가 보장한다는 비핵화 공동선언을 위반하고 북한이 핵 개발을 진행하고 있다는 실태가 명백해졌기 때문이다.

이것은 북미 간의 문제로 확대되어 1993년에 제1차 핵 위기가 발발했다. 1차 클린턴 정권은 핵 확산금지NPT 체제를 지키기 위해서라도 북한의 핵 관련 시설에 '외과 수술적 공격surgical strike'을 행하고 물리적으로 파괴시킬 가능성을 모색했다. 하지만 이러한 군사 행동은 가령 미국에서는 '국지전'일지 몰라도 한국에 대한 북한의 군사 행동을 유발함으로써 한반도 전체에 미치는 '전면 전쟁'으로 손쉽게 확대될 수 있어서 김영삼 정권은 전쟁의 회피를 모색하지 않을 수 없었다. 클린턴 정권도 한국 정부의 요청을 받아들였다. 카터 전 대통령의 방북과 더불어 김일성과의 회담이 열렸고, 김일성의 사망을 전후하여 1994년 10월 제네바 북미 합의가 성립되었다. 이로써 북한은 현재의 핵 개발을 모두 동결하고 플루토늄을 더는 추출하지 않는다는 것을 약속하고 대신에 미국은 북한에 중유를 지원하고 동시에 북한 국내에 경수로형 원자력 발전소를 한반도 에너지 개발기구KEDO(The Korean Peninsula Energy Development Organization) 주도로 건설할 것과 북미관계 정상화를 향한 구체적 조치를 취할 것을 합의했다.

하지만 그 후에도 북한의 핵 개발 의혹은 여전히 남아 있을 뿐만 아니라 핵탄두의 운반 수단이 될 수 있는 미사일 개발이 북미 간 새로운 문제로 부상했다. 그런데다 1994년 김일성이 죽고 김정일 체제로 이행되었다. 김정일 체제는 '선군정치'라는 군사 우선의 정치를 내걸었으나 '고난의 행군'이라 불리는 심각한 식량 사정으로 한국 및 미국과 일본과의 관계 개선은 정체될 수밖에 없었다. 일본도 북한의 핵무기 사정 안에 들어간다는 것은 중대한 군사적 위협이 되었기 때문에, 북한의 동향을 주시하지 않을 수 없게 되었다. 또한 북일 국교 정상화는 북한에 대한 일본의 경제협력 수반이 예상되어있었던 만큼 핵 개발에 몰두하는 북한에 경제협력은 할 수 없다는 견해가 정부와 여론에 뿌리 깊게 자리 잡았다.

그런데 이 시기 북일 간에는 새로운 불씨가 나타났다.

납치 문제가 그것이다. 1970년대 후반에 북한으로 납치되었던 일본인에 관한 정보가 탈북자 증언으로 여러 루트를 통해 표면화됨에 따라 일본에서는 납치문제의원연맹拉致問題に取り組む議員連盟 등이 결성되어 점차 중요한 정치 문제로 부상했다. 납치 문제가 북일 교섭을 방해하는 필연적 요인이 되진 않았지만, 북한이 그 사실을 인정하고 문제 해결에 나서지 않는 이상 북일관계 개선은 곤란했다. 일본 사회는 한반도와의 관계에 있어 '피해자'라는 경험을 비로소 처음으로 공유하게 되었다. 이로써 대북對北 강경론이 일본 사회에 정착하게 되었다.

1990년대 북한을 둘러싸고 한일 양국 정부는 북한의 핵미사일 개발을 공히 경계했기 때문에 그를 둘러싼 협력 관계를 유지할 수 있었다. 한편으로 북한의 핵미사일 개발은 한국과 일본의 안전보장에 직접적인 위협으로 인식되어왔지만, 자력으로 북한의 비핵화를 달성할 수 없으므로 동맹국인 미국의 힘에 의존하지 않을 수 없었다. 반면에, 그렇다고 해서 1차 클린턴 정권이 한때 진지하게 생각했던 것처럼 북한의 핵 관련 시설에 대한 군사 공격으로 파괴한다는 군사적 옵션 구사는 한반도에서 전면전쟁을 유발할 수도 있어 한국과 일본에 바람직한 선택이라고는 할 수 없었다. 따라서 일본으로서는 당사자도 아니면서 KEDO에 의한 경수로 건설 비용을 일부 부담하게 되었지만, 제네바 북미 합의로 북한의 핵 개발이 일단 '동결'된 것은 환영할 만한 일이었다.

3. 한일 역사 문제의 부상

고노 담화와 아시아 여성 기금

1990년대의 한일관계에 북한을 둘러싼 문제만 있었던 것은 아니었다. 광의의 역사 문제가 한일 간에 지속해서 제기되었다. 그중에서도 대표적인 역사 문제는 '위안부' 문제이다. 한국의 민주화와 전시 여성 인권 의식의 고양 등에 따라 한국인 출신 전 '위안부' 여성들의 증언이 잇따랐다. 일본 정부 입장은 식민지지배에 기인하는 한일 간의 경제적 가치 이전 문제는 1965년의 한일 청구권 협정으로 '완전하고도 최종적으로 해결되었다'라는 것이었다. 하지만 '위안부' 문제는 여성의 인권에 관한 민감한 문제이며 그때까지 공론화되지 않았기 때문에 한일 정부 간의 새로운 쟁점으로 부상하였다.

따라서 일본 정부로서도 어떠한 대응이든 할 수밖에 없는 상황이 되었다. 그 결과 미야자와 기이치宮澤喜一 정권은 1993년 고노 요헤이河野洋平 관방장관의 담화(고노 담화)라는 형식으로 일본 정부 입장을 발표하였다. '당시 군의 관여하에 수많은 여성의 명예와 존엄에 깊게 상처를 입힌 문제이다. 정부는 이번 기회에 다시금 그 출신지 여하를 떠나 이른바 종군위안부로서 헤아릴 수 없는 고통을 겪고, 심신에 치유하기 어려운 상처를 입은 모든 분께 마음으로부터 우러나오는 사죄와 반성의 심정을 말씀드린다'라며 군의 관여를 사실상 인정하며 사죄했다. 또 '그와 같은 마음을 일본 국이 어떻게 표해야 하는가에 대해서 지식인 등의 의견을 경청하여 앞으로 진지하게 검토하고자 한다'라고 했다. 구체적으로 일본 국내에서는 정치적 견해 차이를 넘어선 비교적 광범위한 지지를 얻으며 민간 주도로 '여성을 위한 아시아 평화 국민 기금(아시아 여성 기금)'을 1995년에 창설하였다. 그리고 정부도 사업 일부에 예산을 지출하는 등 실질적으로 관여하였다.

한국 국내에서는 애초, 이러한 움직임을 환영하며 평가하는 움직임도 있었지만 결국 한국 정부와 사회는 '일본 정부 스스로 법적 책임을 인정하고 보상한 것은 아니다라고 하며 이 기금의 활동을 적극적으로 평가하지 않았다. 그 후에도 이 문제는 1992년에 시작된 서울의 일본대사관 앞에서의 '수요집회'를 통해서 지속해서 제기되었다. 향후 '위안부' 문제를 한국 정부의 '부작위 위헌'이라고 결정한 2011년 8월 한국 헌법재판소의 판결과 12월 일본대사관 앞 '소녀상' 설치 문제가 한일 간에 중대한 쟁점으로 부상하게 된다. 단 1990년대는 이 문제가 한일관계 전체에 영향을 미치는 사안이 되지는 못했다. 그 무렵 일본에는 미야자와 자민당 정권, 자민당 정권을 교체하고 등장한 호소카와細川護熙 비자민非自民 연립정권, 그리고 자민당이 정권 복귀를 위해 사회당과 연대해 구성한 무라야마村山富市 자사사自社さ 연립정권 등 잇따라 역사 인식에 있어서 비교적 전향적인 입장을 지닌 자유주의적인 정권이 등장하여 전후 일본 역사에 대한 반성을 명확히 했다. 그러한 배경에서 '고노 담화'(1993년), 전후 50년 '무라야마 총리 담화'(1995년) 등이 발표되었다. 다만 당시의 한국 정부와 사회는 이러한 고노 담화나 무라야마 담화를 적극적으로 평가하기보다는 한국 입장에서 부족한 점을 지적하며 비판하는 경향이 강했다. 그 후 일본 정부가 이러한 담화를 '부정적으로 덮기' 시작한 시점에서 이러한 담화를 지켜달라는 요구를 일본 정부에 하게 된 점은 일종의 아이러니라고 할 수 있다.

역사 교과서 문제

그 이외에 한국과 일본의 쟁점이 된 것은 일본의 역사 교과서를 둘러싼 문제 그리고 영토 문제이다. 역사 교과서 문제는 1980년대에 들어서 한일 간 쟁점이 되기 시작하고 있었다. 일본의 역사 교과서 등에서 일본의 식민지 지배에 관한 문제들이 어떻게 기술될 것인가에 대해 한국 정부와 미디어가 관심을 가졌기 때문이다. 한국 측에서 보면 자국을 침략하여 지배한 역사를 가진 일본이 그러한 역사를 두 번 다시 반복하지 않도록 하기 위한 교육을 하는 것이 재현을 막는 데 필요한 것인데도 불구하고 그러한 교육을 하지 않는 일본에 경계심을 풀 수 없고 도저히 협력도 할 수 없다는 것이다. 1995년 11월 무라야마 내각의 에토 다카미江藤隆美 총무청 장관의 '식민지 시대에 일본은 좋은 일도 했다'라는 발언에 분개한 김영삼 대통령이 '일본의 버르장머리를 고쳐놓겠다'라고 발언한 것은 이러한 한국 사회의 생각을 대변한 것이기도 했다.

원래 일본 정부는 중국과 한국과의 관계를 배려하여 1982년에 '인접 아시아 국가와의 사이에서 일어난 근현대 역사적 사실을 다룰 때 국제 이해와 국제 협조의 시작에서 필요한 배려를 한다'라는 내용을 규정한 '근린 제국 조항'을 만들어 교과서 검정 시 인접국과의 관계에 배려하도록 되어있었다. 하지만 그러던 중 일본 국내에서 중국과 한국 등의 인접 국가들에 대한 배려를 우선한 나머지 자국의 바람직한 역사관을 공유하는 교육이 소홀해지고 있다는 비판이 제기되어 그러한 생각을 공유한 연구자들이 중심이 된 '새로운 역사 교과서를 만드는 모임'이 1996년에 결성됐다. 또한 그러한 움직임을 선동하는 '풀뿌리 조직'으로 1997년에는 '일본회의日本会議'가 결성됐다. 그러한 '풀뿌리 보수'에 찬동하는 정치가가 주로 자민당 안에서 두각을 나타냈다. 집권 여당으로서 책임을 지고 있던 자민당이 1990년대 한때 야당으로 전락하여 여당으로서의 정치적 책임에서부터 '해방'되면서, 특히 역사 문제에 관해서 전전 일본의 침략전쟁에 대한 국제적 책임을 진지하게 생각하기보다는 그것을 '자위전쟁'이라고 정당화하려는 '우파'의 입김이 강해지기 시작했다. 아베 신조安部晋三가 그러한 대표적인 정치가 중 하나이다.
단 1990년대는 그러한 '우파' 세력이 정치나 사회의 주류
가 되지 못했다. 그것은 '새로운 역사 교과서를 만드는
모임'이 만든 후소샤扶桑社의 중학교 역사 교과서 채택율
이 2001년에는 불과 0.039퍼센트에 그쳤다는 사실에서
알 수 있다. 역사 교과서 문제는 한일 간의 쟁점이 되긴
했지만, 한일관계를 전체적으로 좌지우지할 만큼의 폭발
력을 가지고 있지 않았다.

독도 문제를 둘러싸고

1990년대에 들어서며 한층 더 현재화된 것은 일본명
'다케시마' 한국명 '독도'를 둘러싼 영토 문제였다. 원래
1965년의 한일 국교 정상화의 교섭 과정에서도 영토 문
제는 논의되었다. 1952년 평화선 선포로 '독도'를 한국령
으로 삼은 이후 한일 양국은 각자 자국의 영토임을 주장
했으나 그 문제를 실질적으로 '유보'해둔 채 국교를 정상
화한 것이다. 그 후에도 한국에 의한 점거 상태가 지속되
자 일본 정부는 그것을 인정한 것은 아니었지만 방치했
다. 한국 정부도 마찬가지로 일본 정부가 현상 변경을 시

도하지는 않았기 때문에 특별히 문제시하지는 않았다. 하지만 지금까지의 영해 12해리 원칙에서 배타적 경제 수역을 200해리로 하는 새로운 국제 해양법 조약이 1994년에 성립되고 1996년에 그것을 한일 양국이 비준함에 따라 한국과 일본은 어업 협정을 갱신할 필요에 직면했다. 따라서 이를 계기로 다시 독도 영유권 문제가 부상하게 된다. 결과적으로 영유권 문제를 '유보'해둔 채 1998년에 새로운 어업 협정에 합의했지만 한일 간에는 영토 문제가 존재한다는 것이 대내외적으로 알려지게 되었다.

　냉전 체제에서 한국과 일본은 그때까지의 대립을 가능한 한 현재화하지 않기 위해 상호 관리해왔다. 하지만 냉전이 종언하고 한일 양측에 있어 협력 인센티브가 불투명해지는 사이 양국 관계에 악영향을 미치더라도 이 섬이 자국의 영토임을 더욱 주장하기 시작했다. 영토 문제는 국내적으로는 양보할 수 없는 문제며, 정치적 입장을 넘어서 '영토 교육은 확실하게 해야 한다'는 주장에 이의를 제기하기 어렵다. 따라서 양 정부가 주장하기 시작하면 타협은 사실상 불가능하게 된다.

　게다가 이 문제는 일본 측에서는 영토 문제이지만 한국에는 영토 문제라기보다도 역사 문제였다. 일본 정부 입장에서는 원래부터 일본 고유의 영토였던 것을 1905년 시마네현이 영토 편입을 선언함으로써 법적으로도 영유권이 명확해졌는데도 불구하고 1952년에 이승만 정권이 불법 점거를 시작한 것에 불과하다고 본다. 그에 대해 한국 정부에 따르면 원래부터 한국 고유 영토였던 것을 일본이 제국주의 침략의 첫걸음으로 억지로 자국 영토로 편입한 것에 지나지 않았기 때문에 한국의 독립과 동시에 당연히 한국의 영토로 되돌아온 것으로 본다. 따라서 일본이 현재에 이르기까지 독도의 영유권을 끊임없이 주장하는 것은 과거의 침략, 식민지지배를 아무런 반성도 하지 않는 증거로 간주하는 것이다.

4. 한일 파트너십 선언: 대칭 관계의 '이상형'

한일 파트너십

이렇듯 한일관계는 한편으로 북한의 핵미사일 개발에 대한 공동 대응의 필요성을 통감하면서도 동시에 역사 문제나 영토 문제 등의 대립 쟁점이 점점 현재화함에 따라 이에 대한 대응을 요구받게 되었다.

전자에 관해서는 한때 김영삼 정부가 북일관계의 진전은 남북관계의 진전 범위 내에서만 허용된다는 태도를 명시하여 한반도 문제에 관해서 미국과 중국, 한국과 북한으로 구성된 제네바 4자회담을 개최하는 등 일본 존재감 저하가 현저해졌다. 하지만 1998년 8월 북한이 발사한 대포동 미사일이 일본열도를 넘어 태평양상에 착탄한 이른바 '대포동 쇼크'라는 일본의 안전보장에 있어 중대사가 발생했다. 이에 대한 일본의 반격이 효력을 발휘하게 되어 마침내 김대중 정권에서 한미일로 구성된 '한미일에 의한 정책 조정 그룹TCOG(Trilateral Coordination and Oversight Group)'이 1999년에 설치되었다.

이 배경에는 2차 클린턴 정권에서 '페리 프로세스'라고 불리는 대북정책의 재검토 작업이 있었다. 1차 클린턴 정권은 북한의 핵 관련 시설에 '외과 수술적 공격' 옵션을 진지하게 고려했지만 2차 클린턴 정권은 전 국방장관인 윌리엄 페리를 대북정책 조정관으로 임명하여 대북정책의 재검토 작업, 이른바 '페리 프로세스'에 착수하였다.

그러던 중 1997년 12월의 한국 대통령 선거에서 야당의 김대중이 당선되어 여야 정권 교체가 마침내 실현되었다. 김대중은 북한과의 관계 개선에 남다른 의욕을 보였다. 북한에 대한 관여 및 남북관계 진전, 나아가서는 북한을 국제적인 대화의 틀로 끌어들임으로써 영향력을 강화하려는 접근을 시도했다. 이는 애초에는 '햇볕 정책' 또는 '포용 정책' 그 후에는 '화해 협력 정책'으로 불렸다.

또 미국과 일본에 대해서도 대북 관계가 남북관계보다도 앞서가지 못하도록 못을 박았던 김영삼 정권과는 다르게 미국과 일본의 북한과 관계 개선이 남북관계의 개선에도 공헌한다는 이유로 북한과의 관계 개선을 권장하였다. 미국은 '페리 프로세스'를 통해서 이러한 한국의 대북 정책에 '편승'하기로 하고 북한의 핵미사일 개발 억제를 북미관계의 개선과 연관해 포괄적으로 해결하려고 했다.

이에 따라 한일 양 정부도 1990년대를 통해서 쟁점화되고 있던 역사 문제가 확대되어 한일관계 전체를 흔들지 않도록 신중한 자세를 취하기 시작했다. 물론 역사 문제, 영토 문제라는 여전히 불씨가 남아있었지만, 한국과 일본의 정치 지도자는 그것이 확대되지 않도록 노력했다.

또한 김대중 정권은 그에 버금가는 문제에 직면해 있었다. 김영삼 정권 말기의 1997년 말에 찾아온 국제통화기금IMF 위기라는 '국난'의 극복이었다. 국제 금융자본이

한국에서 일제히 투자 자금을 회수함으로써 보유 외화가
바닥이 난 한국 정부는 IMF에 불가피하게 긴급 융자 요
청을 하게 되어 긴축재정을 하게 되었다. 김대중 정권은
위기 극복을 위해서 적극적인 외자 도입이 필요하다고
여겨 그를 위해 한일관계를 호전시켜야 할 필요성이 지
금까지 이상으로 증대되었다. 확실히 한국 경제에서 일
본이 차지하는 비중은 1990년대에 들어 상대적으로 낮
아진 것은 사실이다. 수출 시장, 투자시장으로 중국 등의
비중이 커졌기 때문이다. 하지만 금융 면에서는 여전히
일본의 비중이 높아 일본 금융기관에서의 순조로운 차입
이 위기 극복을 위해서는 중요했다. 일본으로서도 한국
을 비롯한 아시아 통화위기가 심각해지는 것은 일본 경
제에도 마이너스이며 또한 아시아에서 일본의 경제적 비
중을 유지하기 위해서는 그 극복에 일본이 적극적인 역
할을 하는 것이 중요하다고 인식했다.

　한일 정부의 이러한 자세의 결실로 나온 것이 1998년
10월, 김대중 대통령의 방일을 계기로 합의한 '한일 파트
너십 선언(한일 공동선언-21세기의 새로운 한일 파트너십)'과 '행
동 계획(21세기의 새로운 한일 파트너십을 위한 행동 계획)'이다.

　원래 김대중은 1925년생으로 식민지 시대에 교육을 받

1998년 10월 8일 한일 파트너십 선언에 합의하는 오부치 게이조 수상(우)과 김대중 대통령(제공: 아사히 신문사)

앗기 때문에 일본어를 구사할 수 있는 세대이다. 김대중과 일본과의 관계에 있어서 피할 수 없는 것이 1973년 8월의 김대중 납치 사건이다. 김대중은 이 사건에 관한 한·일 정부 간의 '정치 결착'에 대해 계속해서 비판해온 만큼 일본 정부는 김대중이 대통령으로 방일하는 것에 대한 불안감을 지니고 있었다. 김대중은 그러한 일본 국내의 불안감을 떨쳐내기라도 하듯이 일본 국회 연설에서 전후 일본의 평화 헌법에 기반한 민주주의와 경제 발전이라는 역사적 경험을 높이 평가하며 그동안 한국 지도자한테서 볼 수 없었던 태도를 명확하게 보여줬다. 오부치 게이조 小渕惠三 수상과의 사이에서 한일 파트너십 선언과 그것을 실현하기 위한 행동 계획에 합의했다. 선언뿐 아니라 그것을 실현하기 위한 구체적인 전략에 대해서도 합의한 것은 이 선언에 관한 한일 양 정부의 진심을 나타낸 것이었다. 행동 계획에서 중시된 것은 국제사회를 향한 한국과 일본의 협력을 축적함으로써 한일 간의 문제에 대한 상호 인식을 바꿔나가는 전략이었다.

공통의 보편적 이념

한일 파트너십 선언에 관해 특필해야 하는 의의로 다음 세 가지 점을 지적할 수 있다.

첫째로, 시장경제와 민주주의라는 공통의 가치관을 상호 인정하여 그에 기반하여 협력 관계를 발전시키고자 하는 강한 의지이다.

1990년대는 한편으로 협력하면서도 역사 문제에 쫓기던 한일관계였다. 한일 파트너십 선언에서는 그러한 한계를 돌파할 것이 기대되었다. 한국과 일본의 체제 가치관의 공유가 강조되었다. 선언의 제3항은 이와 같은 인식이 나타나 있다.

양국 정상은 한·일 양국이 자유민주주의, 시장경제라는 보편적 이념에 입각한 협력 관계를 양국 국민 간의 광범위한 교류와 상호 이해에 기초하여 앞으로 더욱 발전시켜 나간다는 결의를 표명했다.

1965년 국교 정상화 이후의 한일 협력이 한일 양국의 발전에 공헌해왔다는 인식을 공유한다. 또한, 한일 양국이 전후의 발전과 민주화를 실현해왔다는 것을 재확인하여 그러한 공통의 가치관에 기반한 협력 관계를 더욱더 발전시켜 나간다는 결의를 표명한 것이다.

한국에선 일본이 과거의 침략, 식민지지배에 관해 사죄하지 않았다는 '고정관념'이 현재에 이르기까지 이어지고 있다. 물론 일본 사회의 일부, 나아가서는 정치가들을 포함하여 '나쁜 일은 아무것도 하지 않았다'라는 인식을 가진 사람이 어느 정도 있는 것은 사실이다. 하지만 1965년 시이나 외상이 방한하여 '깊이 반성한다'라는 메시지를 발신한 이후 여러 가지 사과의 표현이 사용되었다. 일본 정부와 사회는 식민지지배 그 자체가 한국 사람의 의사에 반해서 행해졌다는 인식을 상당 정도 공유했었다. 다만 한국병합조약의 위법성을 인정한다는 부분까지는 들어가지 못하고 있다. 그리고 '독도는 한국 영토이다'라는 한국 주장을 인정하지 않는다는 것이 현재까지도 이어지는 일본 정부 입장이다. 한국 정부나 사회는 일본이 잘못했다는 생각을 지니고 있다면, 이러한 한국의 주장을 인정해야 한다고 생각한다. 하지만 일본 정부나 사회는 그것과 이것은 다른 문제라는 견해를 견지하고 있다.

그 이후에도 식민지지배나 거기서 행해졌던 조선인에 대한 인권 침해에 관해서 고노 담화, 무라야마 담화, 2010년의 간 담화, 2015년의 '위안부' 문제에 관한 정부 간 합의 등에서 일본 정부는 계속해서 사죄해왔다. 하지만 한국 정부나 사회는 그것은 '진정성 있는 사죄가 아니다'라고 보는 경향이 강하다. 또 그 증거로 일본 측에서 그 담화를 부정하는 것 같은 움직임이 있었다고 지적한다.

또한, 한국에서는 1965년 한일 국교 정상화가 한국에 불리한 것으로 만족할 수 없다는 비판이 있으며, 그 이후의 한일 협력의 역사에 대해서도 그것을 적극적으로 평가하고 싶어 하지 않는 분위기 강하다. 그것은 '일본 협력 덕분에 한국이 발전했다'라는 식의 해석으로 이어지게 되기 때문이다. 그것이 사실이라고 해도 솔직하게 인정하고 싶지 않은 심정이 있다. '일본 덕분에 발전했다'기보다는 '스스로 힘으로 발전했다'라고 주장하고 싶은 것이다.

하지만 한일은 '1965년 국교 정상화 이래 각 분야에서 긴밀한 우호 협력 관계를 발전시켜왔으며 이러한 협력 관계가 서로의 발전에 기여했다는 데 인식을 함께했다'는 역사 인식에 양 정부가 합의했다는 것은 결코 과소평가 될 수 없는 의의를 지닌다. 한일 협력이 서로의 이익에 있어서 충분한 성과를 거두었다는 공통의 이해를 확인한 것이다. 각료 회담이나 정상회담 때마다 합의되는 문장에서 한일 협력 필요성에 관해 확인되었지만, 장기간에 걸친 한일 협력의 역사 평가에 관한 정상 간의 합의는 처음이었다.

한국에는 일본이 이해하기 어려운 '친일파' 문제가 현재에도 남아있다. '민족을 배신하여 나라를 일본에 팔아넘겼다' '적극적으로 일본 지배에 협력한' 사람들을 '친일파'라고 부르며 '배신자'로 비판한다. 그런데도 불구하고 그러한 '친일파'들에 대한 처분이 철저하게 이루어지지 않았다는 비판이 한국 사회 일부에 남아있다. 한국 사회의 주류를 구성해온 보수 세력이 '친일파'의 계보를 계승했다고 여겨졌기 때문이기도 했다. 따라서 이를 의식하는 나머지 보수 세력이 오히려 때에 따라서는 일본에 대해 더욱더 강경 자세를 취하려고 하는 경향이 있었던 것도 부정할 수 없다. 그렇다고 해서 진보 자유 세력이 일본에 관대했다는 것은 결코 아니다.

그럼 왜 이 시기에 한일 파트너십 선언이 가능했을까. 첫째로 독재정권에서 여당의 계보를 부분적으로 계승하는 보수 세력이 아닌 김대중 정권이라는 진보 자유 정권이었다는 점이 크다. 더욱이 김대중은 자신의 납치 사건이나 사형판결 등에 관해서 일본의 지원 세력과의 교류가 있었으므로 한국의 정치 지도자 중에서도 유독 일본에 대해 잘 알고 있었으며 일본에 신뢰할 수 있었던 지인이 많았다는 의미에서 '지일파知日派'였다. 김대중이 전후의 한일 협력 성과를 긍정적으로 평가하는 듯한 대일 인식을 보였다 하더라도 한국 국내에서는 비판조차 어려웠기 때문이다. 또한 일본도 자민당 중에서 비교적 자유주의적인 역사 인식을 가진 오부치 게이조가 수상이었다. 따라서 한일관계에 관한 상호 평가를 접근시킬 수 있었다. 단 이러한 개인적 요인에 의존한 한일관계는 취약할 수밖에 없었다고 말할 수 있다.

북한에 대한 자세

둘째로 한일 파트너십 선언의 의의로서 대북 관여 정책을 둘러싼 한국과 일본이 일치하며 협력할 것을 명확히 했다는 점을 들 수 있다.

이 시기 한일관계는 김대중 정권의 대북 화해 협력 정책을 미국과 일본이 지지해 한미일이 대북 관여 정책에 대해 합치하고 있었던 시기였다. 따라서 한일 모두 대북 문제를 둘러싼 협력을 저해하지 않기 위해 한일관계를 관리해둘 필요가 있었다. 북한은 한미일 관계를 교란함으로써 외교적 선택지를 넓힐 수 있을 거라고 인식했다. 그에 대해 김대중 정권의 화해 협력 정책을 북한이 수용하도록 하기 위해서는 한미일 간의 틈을 보이지 않는 것이 중요했다. 또한 그 정책 효과를 최대화하기 위해서는 미국과 일본의 지지를 동원하는 것이 중요하다고 생각했다. 오부치 정권도 북한의 미사일 사정권에 일본이 들어갔다는 안전보장 위기에 직면하면서도 일본 단독의 대응으로는 한계가 있어 한국의 김대중 정권의 화해 협력 정책에 협력하는 것 이외에 유효하고 현실적인 선택지가 없었다.

이러한 한국과 일본의 인식은 파트너십 선언의 제7항에 아래와 같은 문장으로 반영되어있다.

양국 정상은 한반도의 평화와 안정을 위해서는 북한이 개혁과 개방을 지향하는 동시에 대화를 통한 좀 더 건설적인 자세를 취하는 것이 매우 중요하다는 인식을 공유했다. 오부치 총리대신은 확고한 안보 체제를 유지하면서 화해와 협력을 적극적으로 추진한다는 김대중 대통령의 대북한 정책에 관한 지지를 표명했다. (중략) 양국 정상은 북한의 미사일 발사에 대하여, 국제연합 안전보장이사회 의장이 안보리를 대표하여 표명한 우려 및 유감의 뜻을 공유하는 동시에 북한의 미사일 개발이 중지되지 않는다면 한국·일본 및 동북아시아 지역 전체의 평화와 안전에 악영향을 미친다는 데 의견을 같이했다. 양국 정상은 양국이 북한에 관한 정책을 추진하는데 상호 긴밀히 연대해 나가는 것이 중요함을 재확인하고, 각급 차원에서의 정책협의를 강화하는 데 의견을 같이했다.

단, 대북정책을 둘러싼 한일 협력의 필요성이 한일관계 관리의 중요성을 인식시킨다는 선순환이 지속할 것이라는 보장은 없었다. 그것은 그 직후에 이루어진 한일 협력 사업에 중의적으로 나타났다.

2002 한일 월드컵

한국과 일본이 경쟁하면서도 협력한 결과가 2002년 5월부터 6월에 걸친 한일 월드컵 공동개최였다. 이전까지 월드컵은 유럽과 중남미·북미에서 대부분 번갈아 개최되었으나 처음으로 아시아에서의 개최가 결정된 것이다. 월드컵 유치를 둘러싸고 한국과 일본은 격렬한 경쟁을 펼쳤다. 투표로 어느 한 곳 개최가 결정됐다면 응어리가 남았을 것이라고 여겨질 정도로 경쟁은 치열했다. 애당초 1980년대부터 준비를 진행하고 있던 일본이 앞섰지만 1990년대에 들어서 한국이 뒤늦게 참전하여 맹렬하게 반격하였다. 대회를 주최하는 국제 축구 연맹FIFA 차기 회장 선거를 둘러싼 대립 등의 영향을 받아 1996년 마지막 순간에 한국과 일본의 공동개최가 갑작스러운 타협안으로 떠올랐다. 마지막까지 일본은 단독개최를 고

집했지만 결국 한일 공동개최를 받아들였다. 이 배경에는 한국과 일본 모두 상대국 단독개최로 정해졌을 경우 리스크를 고려할 수밖에 없다는 사정이 있어 차선책으로 받아들이지 않을 수 없는 정치적 판단이 움직였기 때문이다.

한일 월드컵은 일단 성공리에 개최되어 한국과 일본 모두 결승 토너먼트에 진출하여 일본은 16강 한국은 4강까지 진출했다. 이에 따라 한국과 일본이 협력함으로써 국제사회에 대해 새로운 가치를 창조했다는 '성공 체험'을 거두었다. 그러한 의미에서 이러한 한일 협력에 의한 국제사회 공헌, 새로운 가치창조라는 '성공 체험'의 의의는 아무리 강조해도 지나치지 않는다. 앞으로도 한국과 일본의 사이에서는 이러한 일이 끊임없이 이어질 것이다.

하지만 한편으로 서로의 경쟁의식이 한층 더 거세짐에 따라 이후의 한일대립에 씨를 뿌리게 되었다고 해석할 수도 있다. 이러한 의미에서 월드컵 공동개최는 한일관계에 중의적인 의의가 있는 에피소드였다.

지구적 문제에 함께하다

셋째로 지구적 규모 문제들의 해결을 향한 협력을 강조함으로써 한일관계를 국제 공공재로 자리매김하는 자세를 명확하게 한 것이다. 선언의 제9항에는 다음과 같은 표현이 사용되었다.

지구 환경 문제 특히 온실가스 배출 제한, 산성비 대책을 비롯한 제반 문제에 대한 대응에 있어서 협력을 강화하기 위해 한·일 환경 정책 대화를 추진하기로 했다. 또한, 개발도상국에 대한 지원을 강화하기 위해 원조 분야에서의 양국 간 협조를 더욱 발전시켜 나간다는 데 의견의 일치를 보았다.

원래 한일정상회담의 주요 의제는 무엇보다도 한일 간의 문제였다. 그에 대해 선언에서는 협력을 다지는 한일관계를 하나의 행위자로 보았다. 한일이 함께 지구환경 문제나 개발도상국 지원 문제 등 지구 규모의 문제에 힘씀으로써 새로운 가치를 창조할 수 있게 될 것이라 확신하여 그것에 기반하여 협력할 것을 명확히 한 것이다. 이러한 발상은 그 후 한일관계에도 계승되었다. 이는 '국제

공공재로서의 한일관계'라는 새로운 발상이었다.

그 외 선언에서는 다양한 영역에서 다층적인 교류를 활발하게 진행해나갈 것에도 합의하여 특히 젊은 층의 교류 프로그램이 적극적으로 도입되었다.

선언 이후 20년 이상이 지났지만, 그동안 한일 교류가 활발하게 진행된 것은 분명하며 앞으로의 한일관계에도 그러한 축적이 마찰의 완화나 '국제 공공재로서의 한일관계' 실현에 이바지할 것이 기대되고 있다. 실제로 그러한 기초가 형성되고 있는 것도 강조되어야 한다.

5. 북한의 핵미사일 문제:
공통 위협에 대한 상호 보완적 협력

부시 공화당 정권의 등장

대북 관여 정책을 둘러싼 한미일의 협력은 2000년의 남북정상회담과 6·15 남북공동선언, 클린턴 대통령의 방북 가능성이 논의될 정도의 북미관계 급진전, 2002년 9월의 북일 정상회담과 북일 평양선언으로 귀결하였다. 북한으로서는 한미일 관계를 이간시켜 대북정책을 경합시키는 일이 곤란해진 나머지, 한미일과의 균형 있는 관계 개선에 나설 수밖에 없었다. 또한, 북한이 늘 안고 있는 경제의 정체에 따르는 체제의 생존 위기를 타개하기 위해서도 그것은 필요하다고 인식했기 때문이라고 추측된다.

하지만 부시의 공화당으로 정권 교체되면서 미국이 그 협력 대열에서 먼저 이탈하게 된다. 부시 정권은 적어도 초기에는 클린턴 정권의 대북 관여 정책과는 거리를 두고 김대중 정권의 대북 화해 협력 정책에 회의적인 자세를 보였다. 정권 내의 '네오콘'이라고 불리는 세력은 북한과 같은 '국민을 굶주리게 해도 아무렇지도 않게 생각하는' 비도덕적인 정권은 제재 압력을 가함으로써 '정권 전복regime change'시켜야 한다는 주장을 전개했다. 그렇다고 해서 그러한 압력 정책으로 북한을 굴복시키는 데 성공한 것은 아니었다.

고이즈미 방북과 북일 평양선언

일본의 대응은 미국과는 상당한 시차가 있었다. 제2차 핵 위기 직전까지는 한국의 대북 화해 협력 정책에 편승하였다. 2002년 9월 17일 고이즈미 준이치로小泉純一郎 수상은, 일본 수상으로는 처음으로 북한을 방문하여 김정일 국방 위원장과 북일 정상회담을 개최하고 북일 평양선언에 합의하여 정체되었던 국교 정상화 교섭을 재개시키려고 했다. 김대중 정권이 북일관계 개선을 김정일 위원장에게 권장했다는 측면 지원이 있었다. 이것은 부시 정권의 등장 이후 미국의 대북정책이 불투명해지는 중에 대북 관여 정책에 관한 한일 협력을 유지하려는 시도였다.

정상회담에서 의혹에 그치고 있었던 일본인 납치 문제의 일부를 김정일 자신이 사실로 인정하고 그중 생존자 다섯 명을 일시 귀국시키기로 합의했다. 북한으로서는 북일 간의 현안이었던 납치 문제를 우선 매듭짓고 국교 정상화에 박차를 가할 것을 목표로 하고 있었다고 생각된다. 고이즈미 수상도 그것을 받아들여 북일 국교 정상화 교섭을 진행하기로 명기한 북일 평양선언에 합의했다. 하지만 북한이 납치 범죄를 인정하고 특히 관심의 대상이었던 '요코타 메구미橫田めぐみ'가 이미 세상을 떠났다는 발표가 일본 국내에서 복잡한 반응을 불러일으켜 결과적으로는 교섭 재개를 한층 더 곤란하게 했다.

납치 범죄의 사실을 전혀 인정하지 않았던 북한이 부분적으로 그 사실을 인정했지만 '그것은 사실이 아니며 신뢰할 수 없다. 납치된 사람들 모두가 생존하고 있다는 전제에 서서 피납 일본인 전원을 귀환시키기 위해 북한에 압력을 가해 양보를 끌어내야 한다'라는 강경한 여론이 들끓었다. 고이즈미 수상은 지속적인 교섭을 모색하며 2004년 5월에 다시 한번 방북하여 이미 귀국해 있던 피해자 가족의 귀국을 실현했다. 하지만 일본 국내에서는 북일 국교 정상화 교섭의 재개를 바라는 목소리는 소수에 그쳤다.

고이즈미 1차 방북과 거의 비슷한 시기에 발발한 것이 제2차 핵 위기였다. 북한은 잠재적으로 진행해왔던 핵 개발을 드러내 일종의 벼랑 끝 전술을 택함으로써 미국을 끌어들이려고 했다. 북한은 2002년 10월 케리 미 국무차관보의 방북 이유가 북한 핵 개발임을 사실상 인정했다. 그 때문에 제2차 핵 위기가 발발하여 '북한은 거짓말을 하고 있고 신뢰할 수 없다'는 국제사회의 강경론이 높아졌다. 이렇게 일본에서는 납치 문제와 더불어 핵미사일 문제까지 가세하여 대북 강경론이 거세졌다. 고이즈미 정권 퇴진 후 2006년 대북 압력을 강화함으로써 납치 문제 해결을 최우선 공약의 하나로 내건 1차 아베 정권이 등장하면서 북일 국교 정상화 교섭은 좌절되었다.

역사·영토 문제의 재연

또한, 고이즈미 수상은 총선거에서 내건 공약을 지킨다는 의미로 2001년 이후 매년 야스쿠니 신사에 공식 참배를 단행했다. 2006년에는 마침내 8월 15일 종전 기념일에 참배를 강행했다. 1985년 나카소네 수상을 마지막으로 일본 역대 수상은 야스쿠니 신사 공식 참배를 자제해왔었는데 고이즈미 수상은 그 금기를 깬 것이다. 중국은 물론 한국에서도 비판이 거셌다. 야스쿠니 신사는 일본의 제국주의, 군국주의의 정신적 지주이며 1978년에는 2차 세계대전으로 일본을 몰고 간 'A급 전범'을 합사한 곳이다. 야스쿠니 신사를 일본 현직 수상이 참배한다는 것은 전쟁 피해를 가장 많이 입었던 중국이나 식민지 지배를 받은 한국에서는 중일전쟁과 2차 세계대전을 일으킨 일본이 역사에 대해 아무런 반성도 하지 않는 것으로 받아들여졌다. 고이즈미 수상은 '전몰자에 애도를 표하기 위해'라고 말했지만 야스쿠니 참배는 한국과 중국을 자극했다.

　노무현 정권은 야스쿠니 참배를 비판했지만, 대응은 신중하게 했다. 그것은 고이즈미 정권의 대북정책에 대한 기대 때문이었다고 생각한다. 노무현 정권은 '평화 번영 정책'으로 이름을 바꾸었지만, 김대중 정권의 대북정책을 기본적으로는 계승하고자 했다. 하지만 부시 미 정권은 북한과의 교섭의 여지는 남겼지만, 노무현 정권의 대북 관여 정책과는 거리를 두었다. 그 결과 북한도 미국의 지지가 없는 한국의 대북정책만으로는 북한이 획득하고 싶은 성과를 얻지 못할 것으로 생각하여, 남북교섭에 소극적으로 나왔다. 이러던 중 유일하게 일본의 고이즈미 정권이 계속해서 대북 관여 정책에 적극적인 자세를 유지했다. 노무현 정권으로서는 야스쿠니 문제로 대일비판을 강화하면 한일관계를 악화시키고 대북정책에 관한 한일 협력의 가능성이 닫히게 될 것을 우려했다.

　하지만 일본 국내에서는 납치 문제의 공론화와 제2차 핵 위기에 따른 대북 여론의 악화로 인해 고이즈미 정권의 대북 관여 정책의 지속이 곤란하게 되었다. 노무현 정권은 이러한 판단하에 그동안 자제해왔던 대일비판을 공공연하게 드러냈다. 특히 노무현 정권을 자극한 것은 영토 문제였다. 2005년 2월의 시마네현 의회에서 다케시마가 일본 영토임을 전제로 하는 '다케시마의 날' 조례를 제정하는 움직임이 가시화되었지만 일본 정부는 그것을 막으려고 하지 않았다. 또한 다카노 도시유키高野紀元 주한대사가 서울 외신기자 클럽 회견에서 '다케시마는 일본 영토이다'라는 일본 외교관으로서는 당연한 발언을 했지만, 한국 정부와 사회를 자극했다. 노무현 정권은 '대일신독트린'을 발표하며 역사 문제와 영토 문제에서 '외교전쟁도 불사하겠다'라는 자세를 표명하기에 이르렀다.

또한 2006년 9월 한국에게는 '역사 수정주의자'로 경계 대상이었던 아베 신조 정권(1차 아베 정권)이 성립되어 고노 담화를 뒤흔드는 각의 결정을 하자 한일관계는 한층 더 악화했다. 이미 고이즈미 정권 말기에는 한일관계의 긴장이 고조되어 정상 간 셔틀 외교도 중단되어있었다. 1차 아베 정권은 단명으로 끝나고 말아 노무현 대통령과의 한일정상회담은 개최되지 않았다.

난항하는 6자회담

북한 핵미사일 문제를 둘러싸고는 2003년에 일본·미

국·한국·중국·북한·러시아로 구성된 6자회담이 개최되어 북한의 비핵화를 독촉하는 동시에 그에 대한 보답을 어떻게 할 것인가의 문제가 논의되었다. 일본으로서는 1997년부터 개최된 제네바 4자회담 멤버에서 배제되었던 경험이 있는 만큼 6자회담의 틀은 우선 환영할 만한 일이었다. 단, 이 6자회담은 북한이 바라는 북미 간 협의의 일종의 대체물로 미국이 중국을 의장국으로 끌어내 결성한 협의 틀이었다. 실질적으로는 중국이 의장국으로서 북미의 대립 쟁점을 중재하는 것이 기본이었다. 따라서 한일은 북한의 핵미사일 개발로 인한 군사적 위협을 가장 직접 느끼는 당사자임에도 불구하고 6자회담에서 상대적으로 주변적인 위치로 밀려나는 경우가 흔했다.

그렇다고 해서 6자회담 중에 한국과 일본이 스스로 입장을 강화하기 위해 협력하는 길은 선택하지 않았다. 한국에서 보면 일본은 납치 문제 등 북한의 핵 문제와 직접 관계도 없는 양자 간 이슈를 제기하여 6자회담에서의 합의를 방해하고 있는 듯 비추어졌다. 반면 일본에서는 노무현 정권이 북한의 비핵화가 검증 가능한 형태로 실현될 보장이 없는데도 불구하고 대북 관여 정책에 몰두하고 있는 것으로 보고 있었다.

6자회담의 결과로 유일하게 나온 2005년의 9·19 공동 성명에서도 북한 관여에 관한 한일의 차이는 극과 극이었다. 한국은 '그 영내에서 핵무기가 존재하지 않는 것을 확인하고 동시에 1992년의 한반도의 비핵화에 관한 공동성명에 따라 핵무기를 보유, 배치하지 않겠다는 약속을 재확인했다'라고 하여, 북한의 비핵화 약속에 상응하여 한국의 강한 비핵화 의지를 재확인했다. 그에 반해 일본은 '평양선언에 따라서 불행한 과거를 청산하고 현안 사항을 해결하는 것을 기초로 하여 국교를 정상화하기 위한 조치를 취하기로 약속했다'고 하며 현안 사항이었던 납치 문제의 해결을 국교 정상화의 전제 조건으로서 재확인하는 선에서 그쳤다.

노무현 대통령은 북한의 비핵화가 불투명했음에도 불구하고 2007년 10월 2~4일 육로를 통해 방북하여 남북 정상회담을 개최하여 '서해평화협력특별지대'를 설치하고 남북협력사업을 추진할 것을 명기한 10·4 남북 공동선언('남북관계의 발전과 평화 번영을 위한 선언')에 합의했다. 하지만 그 직후 대통령 선거에서 보수 야당의 이명박 후보가 큰 차이로 당선되어, 이러한 성과는 다음 정권으로 계승되지는 못했다. 또한, 6자회담도 2008년 12월을 마

지막으로 열리지 않게 되어 북한의 비핵화라는 애초 목
표는 실현하지 못한 채 끝나고 말았다.

한일의 상호 불신

　노무현 정권과 일본의 고이즈미 정권, 1차 아베 정권과
의 조합은 전반에는 대북정책에 관한 한일 협력의 기대
가 있었는데도 불구하고, 후반에 접어들며 결국 무산되
어 한일 양 정부 간의 상호 불신만 커지게 되었다.

　일본 자민당 보수 정권에서 보면 김대중 정권처럼 동
일한 진보 자유주의 정권이지만, 일본을 잘 알았던 김대
중 정권과 달리 노무현 정권의 경우 일본과 연결고리가
없어 어떤 생각을 지니고 있는지 잘 알 수 없었다. 노무
현 정권은 이라크전쟁에 한국군을 파병하고 한미 자유무
역협정FTA을 체결하는 등 한미관계에는 관심을 가졌다.
어찌 되었든 한국으로서는 대북정책에 미국의 협력을 획
득하기 위해서라도 한미관계를 관리해둘 필요가 있다는
강한 동기부여가 있었다.

　대일관계에 관해 노무현 정권 초기에는 일본을 대북정
책의 협력 대상으로 중시했다. 하지만 그것이 기대에 어

긋나자 역사 문제나 영토 문제라는 쟁점을 억누르면서까지 한일관계를 관리해야 한다는 동기부여를 그다지 못 느꼈기 때문에 그대로 방치했다. 한편 일본 정부도 대북 정책의 괴리가 차츰 눈에 띄기 시작한 데다 한국 정부의 노력에도 불구하고 한미관계가 동요하는 상황이 벌어지자 한국과의 관계를 관리해야 할 동기부여를 그다지 느끼지 않게 된 것은 아닐까.

이러한 한일관계는 한일 파트너십 선언을 계기로 추진되던 한일 FTA 교섭에도 그대로 반영되었다. 교섭을 향한 연구가 이루어졌지만, 한일 각각의 국내 신중론에 부딪혀 결과적으로는 체결에는 이르지 못했다.

첫째로 각자의 복잡한 이해득실이 있었기 때문에 체결하기 위해서는 정치적 결단이 필요했지만, 한일 양국의 국내 사정으로 인해 그러한 정치 주도의 결정이 이뤄지기 어려웠다. 한국과 일본이 대칭 관계가 되면 될수록 서로의 이해득실 상황에 민감하게 되어 체결의 기회를 상실했다고 볼 수도 있다.

둘째로 한일 FTA를 둘러싼 교섭이 정체하는 상황에서 한국과 일본을 둘러싼 좀 더 광범위한 다국간 FTA, 경제 연계 협정EPA가 맺어져 굳이 한일 두 나라 간의 FTA를 체결할 필요성의 정도가 떨어졌기 때문이다. 다만 한일 FTA 교섭은 틀림없이 대칭 관계가 된 한일 경제 관계를 제도적으로 지지하는 역할을 짊어진 만큼 그것이 좌절된 것은 이후의 한일관계가 불안정하게 될 것을 예감하게 했다.

이명박 정권과 일본 민주당 정권

한국에서는 2008년부터 보수파 이명박 정권이 등장했다. 대북정책에 관해서 '비핵개방 3000 구상'과 '상생과 공영정책'을 내세우며 김대중·노무현 진보 자유주의 정권과 비교하면 외교의 중점을 상대적으로 '한·미·일' 협력 중시로 옮겼기 때문에, 애당초 노무현 정권 후반의 냉각된 한일관계는 이전의 통상적인 관계로 복귀한 것처럼 보였다. 대북 관여 정책의 경우, 한국만이 돌출해 있던 상황에서 상대적으로 미일 대북정책에 보조를 맞추는 방향으로 수정했기 때문이다.

그 결과 종래 김대중·노무현이라는 진보 자유주의 정권이 축적해온 여러 가지 남북협력 사업 중에서 2008년 7월에는 금강산 관광이, 12월에는 개성 관광이 각각 중단되어 대규모 사업은 개성 공업 단지 사업만 남게 되었다. 거기서 큰 충격파를 안겨준 사건이 발생했다. 북한의 군사적 도발로 2010년 3월 한국 해군 초계정 '천안함' 침몰 사건, 11월 연평도 포격 사건이 벌어졌다. 이러한 남북 간의 군사적 긴장의 격화에 직면하여 이명박 정권은 한국 주도의 남북관계 개선 의욕을 완전히 상실했다. 북한이 2006년부터 핵실험이나 미사일 발사를 반복하자 미일 양국에도 교섭을 통한 북한의 비핵화를 비관적으로 보는 시각이 강해졌다. 이명박 정권도 이에 동조하지 않을 수 없게 된 것이다. 대북 압력 정책을 한·미·일이 공유하기 시작했다.

2000년 전후의 상황과 정책의 방향은 반대지만 대북정책을 둘러싼 한국과 일본의 괴리는 잠시 해소되었다.

그리고 이러한 관계는 우선 한일관계의 개선을 가져왔다. 이명박 대통령은 첫 외유지로 일본을 선택하여 한일 정상 셔틀 외교가 부활했다.

또한 일본에서도 2009년 이후 민주당의 하토야마 유키오鳩山由紀夫, 간 나오토菅直人, 노다 요시히코野田佳彦의 각 정권이라는 자민당보다는 역사 인식 등에서 전향적인 자유주의적인 정권이 등장함으로써 역사 문제를 둘러싼 한일 간의 거리는 줄어든 것과 같이 보였다. 적어도 민주당 정권 시기의 한일관계는 일본발 역사 문제, 영토 문제는 발생하지 않았다. 하토야마 수상은 수상 퇴임 후이긴 했지만 2015년 8월 방한하여 일제시대 한국의 독립운동가들이 수감되었던 서울 구 서대문형무소를 방문해 무릎을 꿇고 역사를 반성하는 자세를 명확하게 보여줬다. 간 수상은 재직 중인 2010년 8월, 한국병합 100주년을 기념하여 간 담화를 발표했다. '당시 한국인들은 그 의지에 반하여 이루어진 식민지지배로 국가와 문화를 빼앗기고, 민족의 자긍심에 깊은 상처를 입었다. (중략) 이러한 식민지지배가 초래한 다대多大한 손해와 아픔에 대해, 여기에 재차 통절한 반성과 마음에서 우러나오는 사죄의 심정을 표명한다'라는 한국인들의 의지에 반한 식민지지배를 사죄한다는 뜻을 명확하게 했다. 단 한국에서는 병합이나 지배의 불법성이 포함되지 않아 불충분하다고 받아들여졌다.

하지만 이러한 좋은 조건임에도 불구하고 2009년부터 2012년까지의 한일관계에는 가시적 성과가 부족했던 것도 사실이다.

한국은 이미 정주 외국인의 지방 참정권을 인정했다.

한국은 일본 정부에 대해 재일교포를 포함한 정주 외국인에게도 지방 참정권을 인정할 것을 요구했다. 민주당 정권은 한때 그것을 인정해야 한다는 적극론으로 기울어진 적도 있었지만 결국 실현되지는 못했다. 민주당 정권의 불안정성, 3·11 동일본 대지진과 그에 따른 후쿠시마 원자력 발전소 사고, 야당으로 물러나 있었던 자민당의 '우경화' 등 여러 가지 요인이 겹쳐 한일 협력을 추진할 가능성이 있었는데도 불구하고, 그것을 충분히 활용하지는 못했다.

특히 한국에서는 민주당 정권에 기대했지만, 그만큼의 기대가 충족되지 않았던 것에 대해 실망했다. 이 시기의 한일관계는, 일본에서는 한국의 일본 인식은 뭘 해도 그다지 바뀌지 않고 효과가 없다는 것이고, 한국에서는 민주당 정권에 기대했지만, 일본의 역사 인식은 그다지 변하지 않았다는 실망감이 컸다는 것으로 요약할 수 있다.

'짝사랑'으로 끝난 한국에 대한 '기대'

이상에서 보았듯이 한일관계는 냉전 시기와 같이 비대칭이지만 상호 보완적으로 협력하는 관계에서 대칭적인 관계로 변용해왔다. 따라서 냉전 시기 남북 분단 체제하의 체제 경쟁에서 한국 우위를 위해 적극적으로 지원하는 것이 일본의 안전보장, 경제에도 이익이 된다는 관계는 그것을 실현함으로써 그 사명을 다했다. 물론 한국과 일본의 안전보장은 1990년대 이후 북한의 핵미사일 개발이라는 공통의 위협에 직면하게 되면서 협력의 필요성은 여전히 유지된다. 하지만 한국과 일본이 대칭적인 관계로 변용됨으로써 한일 양국 모두 그 관계에 대한 민감도가 높아지게 되었다. 그 결과 지금까지 한일 간에 존재했었던 문제들 특히 역사 문제, 영토 문제에 관한 서로의 민감성이 높아져 어떤 의미로는 언제든 대립 이슈로 돌출될 가능성을 안게 된 것이다. 그렇다고 해서 한일 간에 긴장감이 항상 존재해왔던 것은 아니다. 그것이 드러나지 않도록 억제하는 관리 메커니즘이 나름 기능했었기 때문이다. 그것은 대칭적인 인접 국가라는 지정학적인 조건과 결부된 안전보장상의 공통이익이라는 점이다.

한국과 일본은 안전보장상의 공통이익이 중요하다고 생각하여 그것을 실현시키기 위해 협력하는 것이 합리적이라고 생각할 경우, 대립을 억제하는 메커니즘을 실행으로 옮긴다. 양국이 함께 실행하는 경우도 있고 한쪽만인 경우도 있지만 어쨌든 그렇게 함으로써 대립은 표면화하지 않고 억제된다. 하지만 그러한 인센티브가 실행되지 않을 경우, 바꿔 말하자면 양국의 안전보장상의 이익에 괴리가 보이거나 외교정책 방향에 갈등이 보이게 되면 한쪽 또는 양국 모두 대립을 억제하고 관리하는 메커니즘을 실행시키지 못하게 된다. 그 메커니즘을 실행시키기 위해서는 상당한 국내적 비용을 지불해야 하기 때문이다.

특히 한국에서는 본래 역사 문제에 관련하여 '일본에 안이하게 양보하면 안 된다'라는 여론이 존재한다. 게다가 그러한 여론은 한국과 일본이 대칭 관계가 되면 될수록 더욱 현저해진다. 반면 일본에서는 비대칭 관계일 때는 한국을 그다지 신경 쓸 필요가 없었으나 대칭 관계로 변하면서 '한국에 더는 양보할 수 없다. 대항해야 한다'는 여론이 대세가 되었다. 이러한 상황에서 양국 정부 모두 대립이 표면화되지 않도록 관리하는 메커니즘을 가동하기 위해서는 국내적으로는 상당 정도의 비용을 지불해야만 하는 상황이 되었다.

한국과 일본의 대칭화가 문화의 상호 침투 현상을 촉진한 것은 사실이다. 지금까지는 거의 무관심이었던 한국문화에 일본 사회가 관심을 가지게 되었고 이해하게 된 것도 확실하다. 그것은 상당히 바람직하고 또한 한일 관계의 미래에 의미가 있는 것이다. 서로 관심을 가지지 않으면 이해가 깊어질 수 없기 때문이다. 그리고 그것은 '한일이 서로 이해할 수 있다' '한일이 더욱 협력할 수 있다'라는 '기대'로 이어질 수 있다. 내각부의 여론 조사에 따르면 해에 따라 변동은 있지만 2000년대에 들어서 일본 사회에서의 한국에 대한 호감도는 거의 50퍼센트 이상을 유지하여 60퍼센트에도 도달하는 기세였다. 2000년대에는 앞에서 말했듯이 한일 간에는 역사 문제, 영토 문제를 둘러싼 대립이 존재하였고, 그것은 한일관계가 좋지 않다는 인식으로 나타났다. 우호적인 관계가 지속하지 않았는데도 불구하고 한국에 대한 호감도가 높은 레벨에서 유지된 것은 이러한 '기대'가 반영된 것이다.

하지만 그러한 '기대'는 상황에 따라서는 일방적인 '짝사랑'이었는지도 모른다. 한국 사회에 있어서 일본이 과거에 자신의 나라를 침략하여 지배했다는 역사적 사실은 엄연히 존재한다. 게다가 일본 사회는 그것에 대해서 명확한 반성의 자세를 나타내려고 하지 않는다. 70년 이상 경과했기 때문에 잊어버려야 한다는 '기대'는 역시 일방적일 수밖에 없다.

현재 상태에서는 그러한 '기대'가 한국 사회의 변함없
는 반발에 직면했을 때 쉽게 '실망'으로 바뀌어 그것이 종
래 이상의 '반감'으로 이어지는 악순환을 발생시키고 있
다고 말할 수 있지 않을까. 특히 2016년 이후의 일본 사
회에서의 한국에 대한 감정의 악화 그리고 한일관계가
악화한 현재 상황에 대한 인식은 그러한 배경 안에서 생
각할 수 있을지도 모르겠다.

5장.
대칭적이고 상호 경쟁적인 한일관계로: 2010년대

2015년 11월 1일 한중일 공동 기자 발표에서 박근혜 대통령 (오른쪽)의 발언을 듣는 아베 신조 수상(제공: 아사히 신문사)

기로에 선 2010년대

2010년대에 들어서자 1990년대 이후 한일관계의 특징이었던 다음 두 가지 경향이 한층 더 도드라지게 되었다.

첫 번째로 한국과 일본의 대칭화이다.

이미 한일관계는 비대칭에서 대칭으로 크게 변용되어 왔지만, 그것이 구체적으로 어떤 결과를 가져오는가 그 윤곽이 경쟁 관계를 한층 강한 방향으로 명확하게 하기 시작한 것이다. 한편 한국과 일본은 인접한 대칭적 국가로서, 더구나 교류나 상호 침투가 맹렬히 이루어져 있기에 공유하는 부분이 많은 관계이다. 그 결과 한국과 일본의 상호 이해를 촉진하는 경향이 있다. 하지만 다른 결과의 가능성도 있다. 그것은 상대보다도 대칭적 우위를 바라며 경쟁이 격화되는 것이다. 경쟁이 상호 이익으로 귀결할 때도 있어 그렇게 되면 한국과 일본에 있어 최적의 선택이 된다. 하지만 '서로의 발목 잡기'가 될 경우, 상호 불이익을 가져오게 된다. 한국과 일본의 경쟁 관계가 어떠한 결과를 초래하는지는 한일의 선택에 맡겨져 있다. 그리고 현재 그 경쟁의 장의 중심은 '역사 문제'가 되어가고 있다. 한국과 일본이 공유하는 '역사'를 어떤 식으로 볼 것인가, 그에 대해 어떻게 대응할 것인가를 둘러싼 대립, 경쟁이 '역사전쟁'이라는 형태로 전개되고 있다.

두 번째로 중국의 대국화 그리고 그것에 대응하는 미국 반응의 변화가 한일을 둘러싼 미중 대립의 격화라는 양상을 좀 더 확실하게 하고 있다.

양국 모두 미국과 동맹 관계에 있다. 또한 중국과는 상당한 무역이나 인적 교류가 이루어지고 있어 그러한 의미에서 공유 부분은 크다. 단, 미중관계에 대한 자세, 특히 중국의 대응에 관해서는 차이가 있다. 일본은 중국을 침략한 근대의 역사가 있고 영토 문제도 있다. 그에 비해 한국에게 중국은 단순히 경제적으로 중요한 상대일 뿐만 아니라 북한을 한국 주도의 남북의 틀로 가져오고 한국 주도의 통일 가능성을 만들어내는 데 필요한 '협력' 대상이다.

이러한 특징이 구체적으로 한일관계에 어떻게 나타났는지 보도록 하자.

1. 역사 문제의 '확대재생산': '위안부' 문제와 '강제징용' 문제

'역사전쟁'

2010년대 한일관계는 2015년에 한일 국교 정상화 50주년을 맞이하고 2018년에는 한일 파트너십 선언 20주년을 맞이하였다. 하지만 그런데도 '위안부' 문제와 '강제징용' 문제 등 역사 문제가 현재화되어 정부 간 관계가 악화했을 뿐만 아니라, 그와 더불어 시민 차원에서도 상대국에 대한 감정, 특히 한국의 일본에 대한 감정이 한층 더 악화한 것을 특징으로 지적할 수 있다. 한국 정부나 사회에서 보면 미해결 상태로 남겨진 문제들을, 한국 및 세계에서의 인권 규범의 변화 그리고 일본의 도움받지 않아도 된다는 상황의 변화 등이 합쳐져, 지금이야말로 당당하게 제기해야 한다는 인식이 대두하기 시작한 것이다.

단, 역사 문제에 관해서 한국만 변화한 것은 아니다. '역사전(쟁)'이라는 말이 나타내듯이 일본 측에서의 '반격' 자세도 명확해진다. 지금까지 한국 측의 요구를 그대로 받아들이고 반박해오지 않았던 결과, 일본 측이 수세에 몰리게 된 것이 한국과 일본 역사 문제의 근원에 있다는 인식에 따라 한국 측의 주장에 대항하는 언설을 '한국에 대해서'만이 아닌 '국제사회를 향해서' 적극적으로 발신해 나가려는 새로운 자세가 출현한 것이다.

따라서 양국의 정부나 사회에 있어서 타협노선보다도 비타협적인 강경노선이 우위를 점하게 되고 대립이 고조하게 된다. '진짜 친구는 할 말을 하는 사이이다'라는 말이 있다. 하지만 과연 그게 맞는 걸까. 적어도 다른 가치관을 가진 국가 간의 대화에서 '무슨 말이든 해도 된다'는 상황은 적절치 않을 수도 있다. 오히려 '서로 상대를 존중하면서 상대방의 결점을 바로잡는다'는 것이야말로 진짜 친구가 아닐까 하고 생각한다.

'위안부' 문제와 소녀상

역사 문제의 '확대 재생산'이라는 표현에는 이의가 제기될 수도 있다. 해결되지 않은 문제가 드러난 것이지 그것은 '확대 재생산'인 것은 아니라는 논의도 있을 수 있기 때문이다. 단, 적어도 일본 사회에서 보면 해결됐다고 생각한 문제가 전혀 미해결 문제인 것처럼 왜 새롭게 재등장하는지 의문이 제기된다.

확실히 '위안부' 문제에 관해서는 한일 국교 정상화 교섭 당시에 명확하게 논의한 적도 거의 없기에 그런 의미에서는 해결되지 않았다는 주장을 어느 정도 이해할 수 있다. 또한, 한국 정부에서도 한일 국교 정상화 교섭을 둘러싼 한국 외교문서의 재검토 작업을 통해서 2005년의 시점에서 '위안부' 문제는 1965년의 한일 청구권 협정에서 '완전하고 최종적으로 해결'한 것의 범위에 포함되지 않는다는 입장을 취했다. 따라서 그러한 입장에 기반하여 2011년 8월 한국 헌법재판소에서 '위안부' 문제에 대해서 대일교섭을 하지 않는 한국 정부의 부작위를 위헌이라고 판단한 것이다.

단, 1990년대 이후 문제시되었던 '위안부' 문제를 둘러싼 한일 정부와 사회의 대처를 어떻게 평가할 것인가에 대한 문제는 사실상 관심 밖이었다. 또 이 판결로 힘을 얻어 정대협(한국 정신대 문제 대책 협의회, 현재는 '일본군 성노예 제 문제 해결을 위한 정의기억연대'로 개명)을 중심으로 하는 '위안부' 문제 운동단체가 주축이 되어 서울의 일본대사관 앞에서의 '수요집회'를 계속하고 대사관 앞 인도에 '위안부'로 끌려간 여성을 상징하는 '소녀상'을 건립하여 그것이 기정사실이 되었다. 한국 정부는 그것을 철거하지 않고 그 대신 일본 정부에 대해 '위안부' 문제에 대한 어떠한 긍정적인 반응을 요구했다.

또한 이명박 대통령은 일본으로부터 긍정적인 반응을 얻지 못했다는 것에 대한 '보복'의 의미도 포함하여 2012년 8월 정권 말기의 레임덕 상황에서 '독도'에 한국 역대 대통령으로서는 처음으로 '상륙'하기에 이르렀다. 또한 '천황이 방한하고 싶다면 독립운동가에게 사죄해야 한다'라는 대통령의 '천황 사죄 발언'도 일본 사회에 반발을 일으켜 한일관계 악화에 박차를 가했다. 일본 정부가 대사 소환 등의 대항 조치를 취함으로써, 한일관계는 단번에 냉각됐다. 그 이후 일본 정부는 평소 이상으로 교과서 기술 등을 통해서 '영토 교육'에 한층 더 힘쓰게 됐다. '위안부' 문제를 둘러싼 대립이 영토 문제를 둘러싼 대립으로 '불똥'이 튄 것이다. 이명박 정권 말기의 한일관계는 사실상 단절 상황으로 빠졌다.

그 후 박근혜 정권은 정권 초기 '위안부' 문제에 관한 일본 정부의 긍정적인 대응 조치를 한일정상회담의 조건으로 한다는 방침을 표명했다. 따라서 2013~2014년 기간 중 한일정상회담은 개최되지 않았다. 일본 사회에서는 박근혜 대통령이 1965년의 한일 국교 정상화를 해낸고 박정희 대통령의 장녀이기도 해서 한일관계 개선에 대한 기대가 있었지만, 배신당하는 꼴이 되었다. 특히 박근혜 대통령은 제3국에서 일본의 역사 인식을 비판하는 발언을 반복했기 때문에, 일본의 일부 미디어에서는 '고자질 외교'라며 헐뜯었다. 그런데 한일 국교 정상화 50주년을 맞이한 2015년 11월 서울에서 개최된 한중일 정상회담 때 처음으로 아베 신조·박근혜 한일정상회담이 열렸으며, 게다가 연말에는 '위안부' 문제 해결을 위한 한일정부 간 합의를 발표했다. 이 배경에는 오바마 정권의 중재도 있었다.

이로 인해 '위안부' 문제는 해결 방향으로 가는 것이 아닌가 하는 기대가 있었다. 하지만 2016년 이후 박근혜 대통령과 최순실을 둘러싼 스캔들이 마침내 '최순실' 게이트로 발전해 박근혜 정권에 대한 비판이 높아져 탄핵 기소, 파면에 이르렀다. 그 과정에서 한일 양 정부는 합의를 성실하게 이행하는 가시적인 대처를 보이기보다는 오히려 그 합의를 '깨는' 듯한 언동을 했다. 2017년 5월에 성립한 문재인 정권은 '합의를 파기한다'라고 말하지는 않았지만 '합의로는 문제 해결을 할 수 없다'라며 2015년의 합의에 기반한 사업을 하기 위한 '화해·치유 재단'

을 2018년 11월에 일방적으로 해산시켰다. 한편 합의를 결단한 아베 수상은 국회 답변에서 '합의 내용을 인정하고 사죄 편지를 피해자에 보낼 생각은 털끝만큼도 없다'라고 발언하여 한국 사회에서는 합의에서 표명된 사죄의 마음이 전혀 없다는 비판을 받았다. 그 결과, 한일 간의 '위안부' 문제의 해결은 실패했다는 평가가 정착됐다.

또 현재 부산 일본 영사관 앞의 인도를 시작으로 한국의 다른 지역과 한국인이 다수 거주하는 미국 등 세계 각지에 '소녀상'이 세워졌으며, 관련 운동단체가 계속해서 만들어지고 있다. 그것을 일본 정부는 '반일' 선전을 의도한 것이라고 해석하여 항의하고 있으며 철거를 국제사회에 요구하는 사태가 벌어지고 있다.

2021년 1월 18일 서울중앙지방법원은 일본 정부에 대해서 전시하에 인권을 유린당한 '위안부' 여성에 손해배상을 명하는 판결을 내렸다. 일본 정부는 애초에 이 판결을 무시하고 항소도 하지 않았기 때문에 이 판결은 최종적으로 확정되었다. 이는 주권 면제를 인정하는 국제법을 위반한 것이라고 일본 정부는 반발했다. 하지만 그 후 이 판결에 대해서는 문재인 대통령도 '곤혹스럽다'라고 하며 2015년 말의 '위안부' 문제에 관한 한일 정부 간 합의를 공식 합의로 인정하는 등 종래의 한국 정부 자세를 어느 정도 궤도 수정한 듯한 발언을 했다. 그것이 어느 정도 영향을 미쳤는지는 불분명하지만 타 위안부 피해자들이 일으킨 동일 소송에서 담당 재판관을 전원 교체한 서울중앙지방법원은 4월 21일 일본 정부를 피고로 하는 이 소송은 주권 면제가 적용되기 때문에 소송 자체를 기각한다는 180도 다른 판결을 내렸다. 애초에 원고 승소였던 전자의 판결도 일본 정부의 한국 내 재산을 압류하는 데까지는 가지 못하고 실효성보다는 상징적인 의미만 갖는다는 평가를 받게 되었다. 어쨌든 이 판결들로 인해 국내외적으로 한국 사법부의 혼란상이라는 인상을 주는 결과가 되었다. 단, 한국 국내에서는 이 사안을 국제 사법 재판소ICJ에 제소해야 한다는 주장도 제기되어 여전히 한일 간의 쟁점이 되고 있다.

'징용공(강제징용)' 문제

'징용공' 문제에 관해서는 지금까지 한국 정부도 '완전하고 최종적으로 해결'되었다는 입장을 공유해왔음은 분명하다. 하지만 2012년 5월의 한국 대법원의 3인 소부 판결과 2018년 10월의 동 대법원 전원합의부 판결은, 미지불 임금 등의 채권·채무 관계는 해결되었다고 해도 가혹한 노동 등 비인도적인 인권 침해 행위에 대한 위자료 등의 손해배상은 1965년의 한일 청구권 협정에서 해결되지 못했기 때문에, 피고인 일본 기업은 손해배상 의무를 져야 한다는 '새로운 해석'을 제시했다. 물론 이것은 한국 사법부의 판결로 행정부의 입장과 동일하지는 않지만, 한국 정부가 '사법 판단에는 개입할 수 없다'라는 입장에 서서 아무것도 하지 않게 될 경우, 일본 정부는 한국 정부가 기왕의 입장을 바꿨다고 볼 수밖에 없게 된다.

이렇듯 일본 정부나 사회에서는 '해결했다고 합의했던 문제가 왜 다시 문제로 불거져 나오는가'라고 받아들이게 되었다. 그에 반해 한국 정부 또는 사회에서 보면 '미해결이었던 문제가 조건이 변화함으로써 해결을 시도할 수 있게 된 것이다'라는 해석이 된다. 이 배경에는 한일 각각 사회의 역사관 차이가 존재한다고 볼 수 있다.

한국 현대사는 혁명이나 쿠데타 등의 정치 변동을 몇 번이나 경험했다. 그것이 제1공화국부터 제6공화국에까지 이르는 호칭에도 반영되어있다. 정치 변동과 동반하여 성립한 새로운 체제에서 구체제의 '국가범죄'가 단

죄되는 것을 번번이 경험했다. 1960년 4·19 혁명 후 제
2공화국에서 혁명의 원인이 된 3·15 정·부대통령 선거
가 부정선거로 무효가 된 일, 또한 민주화 이후 제6공화
국 김영삼 정부에서 제5공화국 성립을 가져온 1979년의
12·12 군 내 쿠데타나 1980년 5·18 광주민주화항쟁에 대
한 탄압이 단죄되어 제5공화국의 대통령이었던 전두환
과 그 후계자이며 제6공화국의 초대 대통령이었던 노태
우가 동시에 재판에서 유죄판결을 받아 수감된 것 등을
들 수 있다. 당시에는 '정당'했던 통치행위가 정치 변동으
로 인해 정권이나 정치체제가 바뀌게 됨으로써 '국가범
죄'로 단죄된 것이다.

그것을 원용하면 이전의 정부가 체결한 조약 등의 '약
속'도 그것이 '위법' '부정의'였다고 판단될 경우, '무효'로
해도 된다는 것이다. 그에 반해 2차 세계대전 후 기본적으
로는 보수 정당이 장기적으로 정권을 잡는 게 계속된 일
본 정치에서는 정치 행위나 외교 등에 관해서 전 정권이
한 일을 부정하는 경우는 거의 없다. 일본 정부와 사회에
서 보면 이전 정권의 '약속'을 사실상 '휴짓조각' 취급하는
한국 외교는 도저히 이해할 수 없다고 비추어질 수 있다.

2018년 10월 30일 한국 대법원이 신일철주금(현 일본

제철) 등 일본 기업에 전 '징용공'에 대한 손해배상 지불을 명하는 결정 판결을 내린 것을 둘러싸고 일본에서는 1965년 한일 청구권 협정으로 '완전하고 최종적으로 해결'했던 문제를 '다시 문제 삼는' 것은 '국제법 위반'이라는 견해가 지배적이었다.

그에 비해 한국에서는 반인도적인 인권 침해를 당한 피고가 위자료를 포함한 손해배상을 지불받아야 하는 것이 '정의'임에도 불구하고 전 정권의 협정 해석으로 실현되지 않았지만, 민주화에 의해 정통성을 가진 정권으로 바뀜으로써 비로소 '정의'의 실현이 가능해졌다고 본다.

바꿔 말하자면 한국에서는 정치 변동이 잦았기 때문에 국내 정치에서 구체제의 '부정의'를 새로운 체제에서 판가름함으로 '정의'를 실현하는 '이행기 정의'가 일반적이며, 한일관계에 관해서도 이전의 한일관계에서의 '부정의'를 새로운 한일관계에서 바로잡는다는 지향이 강하다. 게다가 이 '이행기 정의'는 한국의 독특한 생각이 아닌 전 세계적으로 특히 권위주의 체제에서 민주주의 체제로의 이행에 동반되는 문제로 토론이 깊이 이루어졌던 경위가 있다. 그런 만큼 한국 사회에서는 이와 연계하여 대일관계에 이러한 발상을 원용하려고 하는 것이다.

그에 반해 일본에서는 2차 세계대전의 전후도 포함하여 애초에 구체제와 신체제의 단절에서 오는 '이행기'라는 발상 자체가 희박했다. 따라서 '이행기 정의'라는 발상에는 동의하기 어렵다고 생각하는 경향이 있으며 특히 '이행기 정의'는 일국 내의 체제 이행에 동반하는 문제이며 다른 국가 간 관계에 대해서 적용되기는 어렵다고 본다. 물론 '이행기 정의'의 문제를 국가 간 관계에도 적용한다는 합의가 한일 간에 성립하는 것이라면 몰라도 현재 상태에서는 그러한 합의가 성립되고 있다고는 말하기 어려운 상황이다.

한층 고조되는 대립

이렇게 왜 2010년대에 들어서 한일 간에 '위안부' 문제나 '징용공' 문제 등 역사 문제를 둘러싼 긴장감이 고조되었을까.

무엇보다도 우선 그것을 초래한 한국 사법부의 판단이 있었지만, 그 판단의 배경으로 한일이 대칭적인 관계로 변하고 그것에 동반하여 한일이 서로 양보할 수 없는 경쟁 관계가 되었다는 인식을 양국의 정부, 사회가 공유하게 된 것을 지적할 수 있다.

한국 정부나 사회에서는 식민지지배에 따른 인권 문제 등은 인권에 관한 국제 규범 변화에 따라 이전과는 다른 단계에 들어선 것이기 때문에 과거 규범에 기반한 합의에 구애될 필요가 없다고 받아들인다. 바꿔 말하자면 국내 규범 및 국제 규범의 변화와 국력 관계의 변화에 따라 역사 문제가 '확대 재생산'되고 있다는 것이다. 그에 비해 일본 정부와 사회는 종래의 규범과 힘 관계로 합의된 내용에 대한 충실한 준수를 요구하는 입장이다.

한편 '징용공' 문제를 둘러싸고 2010년에 들어서는 일본이 한국을 자극하는 형태의 역사 문제가 제기되었다. 2015년에 유네스코 세계 문화유산에 등록된 '일본의 메이지 산업혁명 유산'에 관해서 일본 정부가 관할하는 산업혁명 유산 정보 센터의 전시를 둘러싼 문제가 바로 그것이다.

원래 한국 정부는 일본 정부가 조선인을 강제 동원하여 열악한 환경에서 노동시켰다는 역사를 지닌 나가사키현의 하시마 섬(군함도) 등이 포함되었다는 사실을 들어 세계 문화유산 등록에 반대했지만, 한발 물러나 정보 센터를 만드는 것을 조건으로 하여 반대를 철회했던 경위가 있다. 하지만 정보 센터 전시에 실제로는 '한반도 출신자가 차별적인 대우를 받은 것은 없었다'라는 증언을 전시하자 한국 정부는 이를 '약속 위반'이라고 비판하고 있다.

2. 북한 정책: 목표의 대칭성과 방법의 비대칭성

한일 공통의 위협

2008년을 마지막으로 북한의 비핵화를 목표로 한 6자회담은 개최되지 않았다. 미국 오바마 정권은 북한에 의한 군사적 도발에는 안이하게 넘어가지 않을 것이라는 '전략적 인내'를 내세웠다. 하지만 결과적으로 북한 비핵화를 위한 북미교섭은 전혀 진행되지 않았다. 북한의 핵실험, 미사일 발사는 지속되었고, 핵미사일 개발은 기정사실이 되었다. 그러한 상황에서 이미 한국과 일본은 북한의 핵무기 사정거리에 들어와 있었기 때문에 북한의 군사적 위협을 공유했다. 따라서 이러한 군사적 위협을 제거해야 하며 북한의 비핵화를 실현해야만 했다. 또한 그것을 군사적 수단이 아닌 평화적 수단을 통해 달성하지 않으면 안된다는 점에서 이해를 공유했다. 이러한 목적의 대칭성은 어떠한 정치적 입장에도 불구하고 한국과 일본 그리고 한일 사이에서 공유할 수 있는 것이다.

한국 내에는 북한의 핵 보유에 대항하기 위해서는 한국의 핵 보유가 필요하다는 견해도 적지 않게 존재한다. 또한, 한국은 북한의 핵 위협을 이용해서 일본이 평화 헌법을 개정하고 군비를 증강하여 결국은 핵무장도 하려는 것이 아닌가 하는 의심을 하고 있다. 반대로 일본 내에서는 한국이 통일을 달성하면 북한의 핵을 계승하여 핵보유국을 지향하는 것이 아닐까 하는 의심을 하고 있다. 그런데도 북한의 핵미사일 위협에 대해 그것을 전쟁이 아닌 평화적 수단으로 해결해야 한다는 목표를 한국과 일본은 공유한다.

냉전 종언 이후 한일 협력의 목표가 달성되었기 때문에 협력의 필요성이 낮아졌다는 견해를 공유하기 시작한 양 정부와 사회에서 이러한 위협 인식의 공유가 상호 협력의 필요성을 인식하고 계속해서 유지하기 위한 중요한 동기부여가 되었다. 냉전 때와 같은 비대칭이 아닌 대칭적인 관계에서의 상호 협력 가능성을 모색하게 된 것이다. 이 점은 이명박 정권, 박근혜 정권, 문재인 정권에, 또한, 일본의 민주당 정권, 아베·스가 요시히데菅義偉 자민당 정권에도 공유되었다.

그렇다면 대북 인식에 바탕을 둔 대북정책을 한국과 일본은 공유하며 협력을 추진해왔다고 말할 수 있을까. 한국 정부의 대북정책은 이명박 정권의 '비핵개방 3000 구상' '상생공영 정책', 박근혜 정권의 '한반도 신뢰 프로세스'로 명칭은 바뀌었지만, 기본적으로는 한국의 요구 조건을 북한이 클리어해야 한다는 의미에서 '상호주의'에 근거한 대북 관여 정책을 계속 내걸었다. 바꿔 말하자면 북한이 '상호주의'에 응하지 않는 경우, 관여 정책을 할 수 없다는 것이다. 그리고 남북협력 사업의 '마지막 보루'였던 개성 공업 단지도 마침내 2016년 2월, 진출해 있던 한국기업이 철수하면서 사업이 중단됐다. 이렇게 해서 한국의 보수 정권 시기에는 대북 화해 관여 정책을 계승하지 않는다는 선택을 했다는 의미에서 한국과 일본은 공통된 정책을 펼쳤다.

우선순위를 둘러싼 갈등

하지만 한일 간에는 대북정책을 둘러싼 잠재적인 갈등 요인이 남아있었다. 일본은 우선 북한이 비핵화하는 것이 제일 중요하다고 생각했다. 일본에도 전화가 파급될 수 있는 리스크를 안고 있는 군사적 수단은 회피하지만, 그 이외의 선택지는 기본적으로 열려있었다. 하지만 한국은 북한의 비핵화뿐 아니라 남북관계 개선을 한국 주도로 진행함으로써 통일로 연결시킨다는 중요한 목표를 안고 있었다. 물론 북한이 비핵화하지 않는 이상 한국의 안전보장은 확실해지지는 않으며 한국 주도의 남북관계 개선도 어려울 수 있다는 의미에서 두 개의 목표는 궁극적으로 양립시켜야만 했다.

단, 과도기에 어느 쪽을 우선시할 것인가를 선택해야 하는 경우가 있었다. 북한의 비핵화를 전제 조건으로 하여 북한을 남북교섭의 장으로 끌어들이는 것이 곤란할 경우, 반대로 북한을 남북교섭의 장으로 끌어들임으로써 북한에 비핵화를 통해서 획득할 수 있는 가시적인 이익을 보여주는 전략도 존재했다. 이명박 정권, 박근혜 정권에서는 북한이 남북교섭의 장으로 들어오지 않았기 때문에 이러한 전략의 선택이 현실이 되지는 않았다.

일본에는 납치 문제라는 독자적인 문제가 북한과의 사이에 가로놓여져 있었다. 한편으로 납치 문제가 있어 그것을 해결하지 않으면 안 되었기 때문에 북한과의 교섭 창구는 언제든지 유지해둘 필요가 있었다. 북한이 납치 문제에 관한 재조사를 하기로 합의한 2014년 5월의 북일 스톡홀름 합의는 이러한 일본의 대북 외교의 산물이었다. 하지만 납치 문제 때문에 일본 여론은 대북 강경론에 기울어져 있었고 이에 따라 일본의 대북 관여 정책에 브레이크가 걸렸다.

문재인 정권 등장에 의한 변화

북한을 둘러싼 한일관계는 2017년 5월 대북 관여 정책에 적극적인 진보 자유주의파인 문재인 후보가 대통령이 되면서 긴장감이 드러나기 시작했다. 우선 2017년에는 김정은 정권이 핵미사일 개발에 매진하여 미국 본토를 사정거리에 포함하는 핵탄두를 탑재 가능한 미사일 개발에 성공했다고 선언함으로써 북미 간의 긴장이 격화되었다. 트럼프 정권은 북한을 위협하기 위해 '코피 작전 bloody nose operation'(북한이 코피를 흘릴 정도의 한정적인 군사 공격을 가하여 북한을 위협함으로써 북한의 도발을 억제하려는 작전)이라는 이름의 군사작전 수행할 가능성이 있다는 소문이 떠돌았다. 이런 가운데 한국의 문재인 정권은 이러한 위기감을 심각하게 받아들여 남북관계 개선에 적극적인 자세를 보여준 김정은의 2018년 신년사를 2월에 개최되는 평창 동계 올림픽에 이용하려고 했다. 동계 올림픽에 북한을 끌어들여 참여시키고 그를 계기로 남북관계의 개선과 북미 간의 중계자 역할을 시도하려고 한 것이다. 그 결과 2018년 4월 27일 판문점 한국 측 지역에서 문재인·김정은 남북정상회담과 판문점 선언, 6월 12일 싱가포르에서의 트럼프·김정은 북미정상회담과 싱가포르 공동성명, 9월 18일~19일 평양에서의 남북정상회담과 평양 공동선언 및 군사 분야에서의 합의가 성사되었다. 이렇듯 2018년은 한국의 문재인 정권이 대북 관여 정책으로 방향을 선회하고 미국 트럼프 정권까지 끌어들여 한국의 중개로 북한의 비핵화와 북미 관계 개선을 둘러싼 북미 교섭이 궤도에 오르는 듯 보였다. 그것은 문재인 정권에 의한 한국의 '한반도 운전자론'(한국이 운전석에 앉아 북미를 시작으로 관계 국가를 좌석에 앉혀 한반도 평화 프로세스를 주도하려는 정책) 시나리오에 따른 것이었다. 일본의 아베 정권은 애초 대단히 위험해 보이는 한국의 대북 관여 정책에 경종을 울리는 등 브레이크 역할을 담당하게 되었지만, 결과적으로 이러한 상황의 진전에서 일본은 홀로 소외되는 모양새가 되었다.

하지만 2019년에 들어서 열린 2월 27일~28일의 베트남 하노이에서의 북미정상회담이 결렬되는 결과로 끝났다. 그 후 오사카에서 개최된 G20 정상회담의 귀로에서 한국에 들른 트럼프 대통령은 6월 30일 문재인 대통령의 안내를 받아 김정은 위원장과 약식 회담을 열었다. 그런데도 북미교섭은 정체됐으며 그 영향으로 남북관계도 정체되어 중단된 남북협력사업을 재개할 수도 없는 상황이 되었다. 한국으로서는 북미관계의 진전이 없는 한, 남북관계의 개선을 기대하기는 어렵기 때문이다.

이러한 일련의 과정을 통해서 일본 정부는 문재인 정권이 북한의 비핵화보다 남북관계 개선에 중점을 두고 있는 것이 아닌가 하는 의문을 안게 되었다. 반대로 한국은 북미관계의 진전에 미국이 제동을 건 배후에는 아베 정권의 영향력이 있었던 것은 아닐까 하는 의심을 했다. 이렇게 대북정책을 둘러싸고 마치 한국과 일본이 역방향의 정책을 선호하고 있는 것은 아닌가 하며 서로를 경계하기 시작한 것이다.

2018년 10월의 '징용공'을 둘러싼 한국 대법원 판결이 직접적이 계기가 되어 한일 간의 긴장감이 고조되었으나 이 배경에는 이상과 같은 대북정책의 수단을 둘러싼 비대칭성이 존재했다. 따라서 대북정책을 둘러싸고 협력할 인센티브가 없을 경우, 한일 간 대립 쟁점에 관해서 굳이 국내의 강경론을 설득하면서까지 타협할 생각은 더는 하지 않게 되었다.

3. 미중 대국 간 관계:
신냉전에의 대응인가 구냉전의 해체인가?

한국에게 중국이라는 존재

2010년대에 들어서 역사 문제를 둘러싼 한일대립이 고조된 배경에는 대립을 억제하는 메커니즘이 작용하기 어려워진 점이 있다. 그럼 왜 그러한 메커니즘 기능이 어려워진 것일까. 북한에 대한 인식이나 정책을 둘러싼 괴리뿐 아니라 좀 더 중장기적인 외교의 방향성을 둘러싼 한일의 괴리 또는 대립이 있었기 때문은 아닐까.

노무현 정권 이후 일본에서는 '한국의 중국 경사'라는 언설이 유행하기 시작했다. 노무현 정권은 한국의 외교적 역할에 관해서 '동북아 균형자론'을 내세웠다. 이것은 한반도를 둘러싸고 일본과 중국의 세력 각축이 치열해지고 있는 상황에서 한국이 '균형자balancer'로서 역할을 담당하겠다는 발상이었다. 따라서 일본에서의 '한국의 중국 경사'라는 언설은 중국의 대두로 대등해지는 중일관계에 대해 한국이 민주주의라는 가치관을 공유하는 일본보다도 가치관을 달리하는 중국과 비슷한 입장을 취하는 것에 대한 '배신감'을 시사하는 비판적인 언사였다.

하지만 2010년에 중국의 GDP가 일본을 앞지르며 그후 순식간에 중국과 일본의 경제 규모는 확대되어 현재 3대 1이라는 비대칭적인 관계가 되었다. 또한, 중국은 이러한 경제력을 배경으로 정치적으로도 국제적 영향력을 강화하며 군사 대국의 지위도 확보했다. 차츰 미중관계가 대등해지면서 긴장을 고조시키는 초대국 간 관계로 비추어지게 되었다. 일본은 중국과 센카쿠 열도를 둘러싼 영토 문제를 안고 있었으며 과거 중국을 침략했다는 역사 문제도 안고 있다. 무엇보다도 미일 안보 조약에 기반한 미국과의 동맹을 안전보장의 기축으로 하였다. 거기서 일본 정부는 '인도·태평양 구상'을 주장하여 동중국해와 남중국해 등에서의 해양 진출이 눈에 띄는 중국에 대해 미국과의 동맹 강화로 견제하고자 했다. 최근에서야 '인도·태평양 구상'은 미국이 주도한 것처럼 보이지만 원래는 일본의 구상이었다.

한미동맹의 중요성

그에 비해 한국 외교는 '안전보장은 미국, 경제는 중국, 북한 문제와의 통일 문제는 미국과 중국'에 의존하는 상황이었다. 한국은 보수, 진보 자유주의 상관없이 안전보장의 기축을 한미동맹에 놓고 있어 남북통일이 실현되는 것과 같은 어지간히 큰 상황 변화가 없는 한 미군 주둔이 필요하다고 생각한다. 그런데 실현되지 않았다고는 하나 과거 1970년대 카터 정권 시기에 주한 미군의 철수가 잠시 결정됐던 때가 있었다. 그 이후 주한 미군 철수가 한미 간에 공식적인 의제가 된 적은 없지만, 주한 미군의 철수 가능성은 상대적으로 크다고 생각되었다. 미국에 주한 미군은 북한의 남침과 같은 한반도 유사 상황에 대응하기 위한 것이며, 아시아 태평양 지역의 미군 전개의 핵심이 되는 주일 미군과는 다르기 때문이다.

하지만 한국에서 보면 북한의 군사적 위협, 대중관계, 대일관계 등을 고려하면 주한 미군의 존재는 중요했다. 통상 전투 능력에서는 북한보다 한국이 우위에 있지만, 한국은 한국전쟁에서 북한에 침략당한 경험도 있고 북한의 군사적 도발을 여러 번 겪었다. 게다가 1990년대 이후에는 북한의 핵미사일 개발이 드러나게 되면서 북한의 핵 공격을 저지하기 위해 미국의 확대 억제에 의존하지 않을 수 없는 상황이 이어졌다. 또한, 점차 군사 대국화되는 중국에 대응하기 위해서도 미국의 군사적 관여는 필요했다. 거기에 일본에 의한 침략, 지배의 역사적 경험이 있는 만큼 일본에 대한 안전보장을 확보하기 위해서도 미국의 군사적 관여는 중요하다고 생각했다.

한국은 미일동맹만이 존속되고 한미동맹이 소멸하는 상황은 미국으로부터 '버려졌다'라고 받아들여질지도 모른다. 이렇게 한국의 안전보장에 있어서 한미동맹은 복합적인 목적을 지니고 있어 포기하기 어려운 것이다.

긴밀해지는 한중관계

한국에 있어서 한중 국교 정상화는 1992년이라는 비교적 최근의 일임에도 그 후 중국의 경제 대국화에 편승하여 한국의 수출, 투자 대상으로 중국의 비중은 대체할 수 없는 존재가 되었다. 한국 경제는 1980년대까지는 주로 일본에서 수입한 기계를 사용하여 일본에서 수입한 원자재를 가공해서 제조한 최종 소비재를 미국을 비롯한 구미 선진국에 수출하는 무역구조를 기본으로 하고 있었다. 애초에는 노동집약적인 경공업 제품의 생산·수출부터 차츰 자본·기술 집약적인 중화학공업 제품의 생산·수출로 산업구조 및 무역구조를 고도화해왔다. 1980년대 이후 중국·소련·동유럽 등을 새로운 수출 시장, 투자처로 삼아 거듭된 경제 발전의 원동력이 되었다. 그 결과 2000년대에 들어서자 한국의 최대 무역상대국은 일본도 미국도 아닌 중국이 되었다. 2019년 한국의 대중(홍콩을 포함한) 무역액은 약 2771억 달러로 대미·일 무역의 합산액 약 2112억 달러를 훨씬 웃돌며 무역액 전체의 26.5퍼센트를 차지하게 되었다.

대중관계의 긴밀화를 한층 가속화한 것은 2015년 9월 중국의 항일전쟁 전승 기념 군사 퍼레이드에 서방 지도

자로서 유일하게 참석한 박근혜 대통령이었다. 주요국
정상으로 참가한 것은 러시아의 푸틴 대통령뿐이었으며
북한조차 '넘버 2'인 최룡해가 참석했다. 박근혜 대통령
은 시진핑 주석과 일곱 번이나 정상회담을 진행했다. 한
일이나 한미보다도 빈번하게 이루어졌다. 북한의 군사
적 도발을 억제하기 위해 중국의 역할에 기대하며 그것
을 위해 한중관계를 긴밀하게 해놓을 필요가 있다고 생
각했기 때문이다. 그리고 주한 미군 기지에의 종말단계
고고도 지역방어체제THAAD 미사일 배치에 관해서도 그
것에 반대하는 중국을 배려하여 배치를 보류했다.

한중관계 악화와 미중 대립 속 중국 문제

이런 가운데 2016년 1월, 박근혜 정권 출범 직후인
2013년 2월부터 거의 3년 만에 북한이 네 번째 핵실험을
단행했다. 이 사태를 보며 박근혜 정권은 북한의 군사적
도발을 막기 위한 중국의 영향력 행사에는 한계가 있다
고 인식했다. 이제 한중관계에 대한 배려보다도 한미동
맹의 강화를 선택하여 THAAD 미사일 배치를 결단했다.
그 결과 한중관계는 그전까지 양호했던 관계가 거짓말처

럼 나빠졌다.

중국에서는 한국에 대한 비판이 고조되며 중국 정부는 한국으로의 단체 관광을 금지하는 한편, 롯데 등 중국에 진출한 한국기업에 대해 사실상 제재가 이루어졌기 때문에 한국 경제는 큰 타격을 입었다.

따라서 한국 정부는 경제 관계에서 중국이 차지하는 비중을 줄이려고 하고 있지만 지금껏 경제 발전의 원동력을 제공한 한중 경제 관계를 대체할 곳을 당장 찾지 못하는 상황이다.

게다가 문재인 정권은 '한반도 운전자론'을 내세워 한국이 비핵화를 둘러싼 북미교섭을 중개함으로써 북한의 비핵화와 한국 주도의 남북관계 개선을 진행하려고 했다. 이렇게 북한의 행동을 바꾸기 위해서는 미중 양국의 영향력 행사가 필요하다고 보는 것이 문재인 정권의 기본적인 입장이었다. 따라서 한국 측에서는 대북정책을 놓고 미중이 명시적으로 협력하지는 않더라도 적어도 한국과 같은 방향으로 향할 필요가 있다고 생각했다.

또한, 그보다 앞서 한국 주도의 남북통일이 목표지만 그것을 실현하기 위해서는 중국의 반대를 회피할 필요가 있으므로, 먼저 양호한 한중관계를 정착시킴으로써 한국 주도의 통일이 중국의 안전보장 환경에 있어서 전혀 불리하지 않을 것이라는 점을 설득해둘 필요를 느꼈다. 또한, 미국에도 이와 같은 한국 외교를 이해시키고 중국에 대한 설득의 지원사격을 받으려고 의도했다.

이렇게 북한의 핵미사일 개발과 군사적 도발을 억제하고 한국 주도의 통일을 실현하기 위해서는 한국으로서는 가능한 한 미국과 중국의 협력이 대단히 중요했다. 그 때문에 미중 대립이 격화하여 한국이 어느 편에 설 것인지를 선택해야만 하는 상황은 어떻게든 피해야 한다고 생각했다.

따라서 미중 대립이 적당히 존재하는 것이 미일동맹에서 일본의 비중이 커진다는 이유로 이를 바람직하다고 생각하는 일본과 미중 대립의 격화가 한국 외교의 전제조건의 충족을 곤란하게 만든다고 생각하는 한국 사이에는 차이가 존재한다. 즉, 어떠한 미중관계가 바람직한 것인지 문제를 두고 한일 간의 괴리가 있다.

일본 입장에서 보면, 본래는 민주주의라는 가치관을 공유하며 미국과 동맹을 함께하고 있는 한국이 미중관계에 대해 모호한 태도를 보이는 것은 불편하고 의심을 더 싹트게 하는 요소가 된다. 한국으로서는 어떻게 해서든 회피하고 싶은 미중 대립을 일본은 바람직하다고 생각하고 있는 것이 아닌가 또한 일본 외교는 미중 대립을 조장하려고 하는 것은 아닌가 의심을 하고 있다.

이렇게 해서 미중관계에 관해 다른 선호를 지닌 한국과 일본은 외교적으로 협력할 필요성을 그다지 느끼고 있지 않다. 그 배경에는 지금까지의 소국에서 '중견국(미들 파워)'으로 변화한 것을 전제로 그러한 입장에 서서 외교를 모색하려고 하는 한국, 중국과는 비대칭이 되긴 했지만 여전히 '대국' 외교를 지향하는 일본, 이러한 양국의 외교를 지탱하는 정체성(아이덴티티)의 차이도 존재한다. 현재 한일관계의 긴장 격화 배경에는 이러한 구도가 존재하고 있다.

'양자택일'을 넘어서

하지만 정말로 이러한 선택이 한국과 일본에 있어서 바람직할까. 2018년 이후 2020년까지의 중일관계는 기본적으로 양호하게 진행되었다. 미중 대립의 격화를 격정하는 중국에 있어서 중일관계를 어느 정도 좋게 유지 관리하는 것이 중요하다고 생각하고 있기 때문이다. 일본에도 그것은 바람직하다. 즉 미중 대립이 격화하여 일본이 미국 측에 서는 것을 명확하게 하여 중국과 적대하는 것이 일본의 외교나 안전보장에 있어서 결코 바람직한 것은 아니다. 일본에 있어서 미중 긴장 관계가 어느 정도의 범위 안에서 지속되는 것이 바람직한 것일지 몰라도 문제는 그것을 일본이 통제하지 못한다는 것이다. 한국의 상황에서도 미중 대립 격화에 따른 미국과 중국 중 어느 쪽에 설 것인가를 확실히 선택하는 것은 바람직하지 않지만 그렇다고 해서 그러한 상황을 만들지 않도록 할 수 있는 힘을 한국이 가지고 있는 것은 아니다.

이렇게 생각하면 한국과 일본이 마치 반대 방향을 향해서 외교정책을 선택하는 것이 합리적인지 상당한 의문이 든다. 확실히 미중관계를 둘러싼 한일의 지향 차이가 존재한다는 것은 부정하지는 않지만, 그것은 양보할 수 없는 것이며 협력할 수 없다고 생각할 필요는 없다. 오히려 미중관계를 극도의 대결에 이르게 하지 않는 범위에 거두는 것이 한국과 일본은 공통의 이익을 가지게 된다고 봐야 하지 않을까.

그리고 공통의 이익을 실현하기 위해서는 한국과 일본이 협력해서 미국과 중국에 작용하는 것이 중요하다. 포스트 코로나 세계에서 미중 대립이 불가역적으로 격화할 위험이 있다. 이러한 위협에 대해 한국과 일본은 아무 일도 하지 않고 있어서는 결국 '양자택일'에 쫓기게 되며 스스로 외교적 선택 폭을 좁혀버리게 된다. 그러한 상황에 빠지지 않기 위해 스스로 외교적 선택 폭을 조금이라도 넓히는 가능성을 개척해 나아가야 하지 않을까. 그러기 위해서는 한일외교 협력을 더욱 심화시킬 필요가 있다. 따라서 한일 외교협력을 방해하는 역사 문제 등에 있는 대립을 해결하는 또는 관리하여 주변화할 것을 생각할 필요가 있지 않을까.

4. 역사 문제에서 경제·안전보장의 대립 경쟁으로?

안보·경제 영역으로 확산하는 긴장

한일관계에서 역사 문제는 타 영역에서의 이익의 공유가 진행되며 협력이 깊어지게 되고 시간이 지나면 저절로 주변화되어 해소되는 것은 아니었다. 국제정치에서는 힘이나 이익뿐 아니라 정체성(아이덴티티)도 중요하다는 것을 보여준다.

한편 한일의 역사 문제라는 것은 메이지 이후 역사를 고려할 때, 어쩌면 불가피한 측면이 있어 지금 새롭게 시작한 것은 아니다. 1965년의 국교 정상화에 이르는 과정에서, 그 후에도 문제를 해결하려는 시도가 없었던 것은 아니다. 하지만 그때그때의 일본 사회 여론 등을 생각해보면 한국이 설정한 허들을 클리어하여 역사 문제를 완전히 해결하는 것은 어려웠다. 게다가 '비대칭에서 대칭으로'라는 한일관계의 구조 변용과 같이 한국이 설정한 허들은 변화해왔으며 또한 그것에 대한 일본의 감수성도 변화하고 있다.

냉전기에는 역사 문제가 있었다고 해도 한일은 '어쨌든 안전보장상 협력해야 하므로' 그리고 '경협이라는 수단을 잘 활용하여 협력할 수도 있었으니까'라는 논리로 대립의 격화를 봉쇄할 수 있었다. 바꿔 말하자면 역사 문제는 안보와 경제협력을 계기로 하여 봉쇄하는 것이 가능했다.

하지만 지금은 그럴 수 없게 되어가고 있다. 역사 문제를 둘러싼 대립이 경제 영역, 안전보장 영역에서의 대립과 긴장으로 확산하는 징조를 보이고 있다.

대항 조치의 응수

2019년 7월부터 8월에 걸쳐 아베 정권은 갑자기 대한 수출 관리 조치의 재검토를 단행했다. 게다가 그 이유로 '강제징용' 판결을 방치한 한국 정부를 비판하면서도 공식적으로는 한국의 수출 관리가 안전보장상 신뢰할 수 없다는 이유로 들며 수출 관리 조치를 취했다.

본질적인 이유는 역사 문제이며 안전보장은 평계에 지나치지 않는다고 볼 수 있다. 하지만 한일 협력의 필요성을 근거로 해왔던 안전보장을 이유로 한 것은 한국으로서는 '놀라움'이었다. 물론 한국이 자국의 안전보장을 일본에 의존하는 것에 대한 경계심은 일본에 침략과 지배당했던 역사적 경험을 고려하면 훨씬 컸다. 단 한국에서 보면 설령 판결에 불만이 있더라도 현금화 조치에 의한 구체적인 피해가 현실화되지 않았음에도 불구하고 일본 측에서 '선제공격'을 해온 것은 '놀라움'으로 받아들여졌다.

더욱이 일본 측에서 한국은 안전보장상 신뢰할 수 없다는 이유를 명시한 것도 '놀라움'이었다. 종래 한일 협력에서 가장 중요했던 경제 영역에서, 더군다나 협력의 가장 중요한 계기인 안전보장에 관한 문제를 이유로 들어 역사 문제에 관한 한국 정부의 '부작위'에 대한 사실상의

'보복' 조치를 했기 때문이다.

그에 대항하여 한국은 사실상 관민일체官民一体가 되어 대일비판, 대아베 정권 비판을 강화하고 일본 제품의 불매 운동, 대일 관광 보이콧 등을 전개했다. 이것은 일본 경제에 적지 않은 피해를 미쳤다. 게다가 일본이 한국에 대한 수출 관리를 엄격하게 관리한 것은 실제로는 한국 기업에 손해를 끼쳤다기보다도 한국의 공급망에서의 '탈일본화'를 촉진하며 해당 부품을 한국으로 수출하는 일본 기업의 번잡함을 증대시킬 뿐이었다. 일본이 한국 경제에 일방적으로 피해를 주는 관계는 아니라는 것이 명확해진 것이다.

게다가 '일본이 안전보장상의 이유로 한국을 신뢰할 수 없다면 한국도 마찬가지로 일본을 신뢰할 수 없다'라는 이유를 내걸며 한일간의 북한 관련 군사 정보 등의 공유를 원활하게 진행하는데 필요한 한일 군사정보보호협정GSOMIA의 파기를 단행했다. 원래 GSOMIA는 2012년 6월에 서명 직전까지 이르렀음에도 불구하고 국내의 신중론에 직면하여 이명박 정권이 취소했던 경위가 있다. 그것을 박근혜 정권에서 2016년 11월에 체결하였지만 이에 관해서도 일본과 안전보장에 관한 협정을 체결하는 것 그 자체에 대한 비판이 한국 국내에서 적지 않게 있었다. 문재인 정권은 일단 GSOMIA의 필요성을 인정했지만, 여전히 불만은 남아있다. GSOMIA 파기는 동맹을 공유하는 미국에 대해 대일 압력을 행사하는 수단에 불과하며 결코 한국이 진지하게 생각하고 있는 것은 아니라는 논의도 있을 수 있다. 하지만 그러한 선택을 시사한 것은 한일 양국에 또 미국에도 안전보장상의 상호 불신을 증폭시켰다.

또한, 2018년 12월에는 일본의 해상 자위대의 초계기를 향해 한국 해군의 구축함이 사격 통제 레이더를 조준한 것으로 알려진 사건이 일어났다. 이 사건 경위에 관해서는 한일 양 정부의 견해가 180도 다르지만, 자칫 잘못하면 군사 충돌의 위험성도 있었던 충격적인 사건이었다. 마침 한국 대법원 판결 직후로 긴장감이 고조됐던 시기의 사건이었기 때문에 한일 간의 긴장이 군사 분야까지 파급된 것을 나타내는 것이었다.

이렇게 한일 협력의 '성지'였던 경제와 안전보장에서의 한일대립이 발생한 것은 한편으로 한일 간의 역사 문제의 중요성이 상대적으로 커졌다는 것을 나타낸다. 그뿐만 아니라 대북 인식과 미중관계 인식을 둘러싼 한일의 괴리를 지적할 수밖에 없다. 외교나 안전보장 분야에서 한일의 괴리가 역사 문제를 풀어가려는 양측의 의욕을 저하시키며 나아가서는 역사 문제를 둘러싼 마찰을 격화 시킨다. 그리고 그것이 외교·안전보장의 괴리를 증폭시 키는 것이다.

강경한 여론

하지만 일본 정부의 대한對韓 정책을 지탱하고 있는 것 은 일본 사회의 강경론이다. 2019년 7월의 일본 정부가 행한 대한 수출 관리 조치 검토에 관해서 일본 여론의 약 70퍼센트가 지지하는 입장을 보였다. 이러한 재검토 조 치는 표면상으로는 한국의 수출 관리 조치가 안전보장상 신뢰할 수 없기 때문이라고 말하면서도 실질적으로는 한 국 대법원 판결에 유효한 대응을 보여주려고 하지 않은 한국 정부에 대한 예방적 보복 조치라고 볼 수 있다. 아 무리 생각해도 이 조치는 그다지 설득력이 있기 어렵다. 그런데도 70퍼센트의 지지를 획득한 것은, 그만큼 일본 여론에서 강경론이 높아지고 있다는 것을 나타내는 것이 다. 실제로 내각부의 여론 조사에 의하면 한국에 호감이

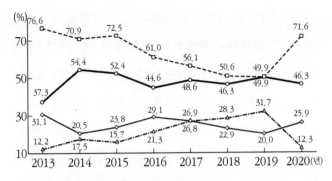

(%)

	2013	2014	2015	2016	2017	2018	2019	2020(년)

76.6 — 70.9 — 72.5 — 61.0 — 56.1 — 50.6 — 49.9 — 71.6

37.3 — 54.4 — 52.4 — 44.6 — 48.6 — 46.3 — 49.9 — 46.3

31.1 — 20.5 — 23.8 — 29.1 — 26.9 — 28.3 — 31.7 — 25.9

12.2 — 17.5 — 15.7 — 21.3 — 26.8 — 22.9 — 20.0 — 12.3

—— 일본여론: 좋은 인상을 가지고 있다 /
　　좋은 인상을 가지고 있는 편이다
━━ 일본여론: 좋지 않은 인상을 가지고 있다 /
　　좋지 않은 인상을 가지고 있는 편이다
-··- 한국여론: 좋은 인상을 가지고 있다 /
　　좋은 인상을 가지고 있는 편이다
--- 한국여론: 좋지 않은 인상을 가지고 있다 /
　　좋지 않은 인상을 가지고 있는 편이다

〈도표4〉 상대국에 대한 한일 양국 인식의 최근 변천

있는 사람의 비율은 2018년의 39.4퍼센트에서 2019년에는 26.7퍼센트로 급격하게 감소했다. 또한 2019년 5월에 실시된 일본의 언론 NPO와 한국의 동아시아 연구원에 의한 '한일 공동 여론 조사'의 결과(〈도표4〉)에 의하면 한국에 호감이 있는 일본인의 비율 20.0퍼센트는 일본에 호감이 있는 한국인의 비율 31.7퍼센트를 크게 밑돌았다. 이것은 2018년부터 2019년으로 이어지는 현상이다.

다만 2019년 7월에 일본 정부의 대한 수출규제 조치의 재검토가 단행되어 한국의 반일 감정이 고조됐다. 실제로 2020년 9월의 조사에서는 일본에 호감이 있는 한국인 비율은 12.3퍼센트로 급격하게 감소했다. 현금화 조치가 가시적으로 진행되지 않은 점과 문재인 정권의 코로나 대책에 대한 평가 등의 영향인지는 몰라도 일본 여론의 한국에 대한 호감도는 25.9퍼센트로 조금 올랐지만, 여전히 낮은 수준이다. 특히 한일 간 현안인 '위안부' 문제나 '강제징용' 문제 등 역사 문제를 둘러싸고 일본 사회에서는 한국 측에 관계 악화의 책임이 있으므로 한국이 먼저 대응해야 한다는 비율이 압도적으로 많은 데 비해 한국 사회에서는 완전히 다르다. 이러한 완전히 반대되는 여론을 전제로 한다면 한일 정부 간의 타협은 낙관할 수 없는 상황이 계속될 것이다.

2020년 11월에 들어서 한국 문재인 정권은 일련의 대일 '융화' 자세를 나타내기 시작하고 있다. 박지원 국정원장이 일본을 방문하여 1998년의 한일 파트너십 선언을 계승하는 새로운 공동선언을 내자고 제안했다고 한다. 또한 한일의원연맹의 대표단도 일본을 방문하여 도쿄 올림픽까지 일본 기업의 재한 자산에 대한 현금화 조치의 보류를 제안했다고 한다. 그리고 한국은 대표적 지일파 知日派 정치가인 강창일을 주일대사로 기용했다.

이것은 미중 대립 격화에 대비하여 한일관계를 관리해 놓으려는 의도의 표출이라고 생각할 수 있다. 또한, 동맹 중시 외교가 예상되는 바이든 미 정권에 의한 한일관계의 중개, 관리의 움직임에도 대비하여 한국 나름대로 한일관계의 관리에 신경 쓰는 자세를 사전에 보여준 것으로도 생각할 수 있다. 단 일본의 스가 정권의 대응은 여전히 무디다.

또한, 2021년 4월 후쿠시마 원자력의 오염수를 2023년을 목표로 해양에 방출할 것을 일본 정부가 결정한 것을 놓고 이에 이의를 제기하는 한국 정부와 사회 사이에 새로운 대립 쟁점이 부상하고 있다. 한국 사회에서는 일본 이상으로 오염수의 위험성에 대한 보도가 범람했기 때문에 일본 사회 이상으로 민감한 문제로 받아들여지고 있는 측면도 있다. 일본 정부는 과학적으로는 유해하지 않고 아무 문제없다는 입장이지만, 이 결정을 내리는 과정에서 한국에 사전에 설명이나 양해를 구하지 않고 일방적으로 결정한 절차상의 흠결을 포함하여 일본에 대한 비판이 커지고 있다.

이렇게 미중 대립의 격화가 예상되는 상황에서 한국과 일본이 그 사이의 관계를 어떻게 관리해나갈 것인가 그것이 한일 양측의 국익에 어떠한 영향을 미칠 것인가에 대해 진지하게 생각해 나아가야 한다.

종장.
한일 간 '선의의 경쟁'은 가능한가?

한일관계의 '진화'와 '과거의 역사'

한일관계가 비대칭에서 대칭으로 크게 변용하는 사이 한일관계는 내용이 풍부해지면서도 복잡하게 변해가고 있다. 이것에 어떤 식으로 마주할 것인지 지금 문제가 되고 있다.

물론 한일관계는 기본적으로는 한국과 일본과의 상호작용으로 구성되는 것으로 한일 양측의 선택이 중요하다. 관계가 대칭화되는 만큼 일본만이, 한국만이 일방적으로 무엇을 한다고 해서 관계가 극적으로 변하는 것은 아니다.

그런데도 현상은 양측 모두 관계 악화의 책임을 마냥 상대에게만 돌림으로써 상대가 변하지 않으면 관계의 악화는 피할 수 없다고 보는 견해가 뿌리 깊다. 스스로가 우선시하는 가치관이나 기준에 따라서 상대의 선택과 행동이 그것과는 일치하지 않는다고 판단하기 때문이다. 그리고 국내나 국제사회를 향해서 상대의 가치관과 기준보다도 자신의 가치관과 기준이 '정확한' 것이라고 주장한다. 특히 한국과 일본에 걸쳐있는 광의의 역사 문제는 최근 들어 일본이 '수세'가 아닌 '공세'로 돌아서려 하고 있으며 '역사전쟁'이라고도 말할 수 있는 양상이 나타나고 있다.

　물론 양측이 공유하는 역사를 어떻게 볼 것인지 역사 인식을 둘러싼 대립은 종래부터 존재해왔으며 지금 새롭게 나타난 것은 아니다. 지금까지는 그것이 한일관계의 다른 영역에 파급되지 않게 관리하며 막아왔었다. 안전보장과 경제 등 타 영역이 양측에 있어서 훨씬 더 중요하다는 인식이 있었기 때문이다. 냉전 체제의 남북 분단 상황에서 한국의 체제 우위를 한일 경제협력을 통해 확보하는 것이 한일 양측의 경제 및 안전보장에 있어 이익이 되기 때문이었다. 또한, 특히 한국 정부는 권위주의 체제하에서 국민을 그러한 대응에 따르게 하는 게 가능했었다. 하지만 냉전이 끝나며 한국의 체제 우위라는 목표가 달성됨으로써 한국은 체제 경쟁이 아닌 우위의 입장에서 평화공존의 제도화로 정책 목표의 중점이 이동하였다. 정책 이동에서 볼 수 있듯이 한일 경제협력의 목표는 완전히 달성되었다. 그렇게 함으로써 우선순위가 낮았던 역사 문제에 관심이 집중되기 시작됐다. 더욱이 역사 문제는 정체성을 둘러싼 다툼이기도 하므로 한일관계가 대칭화하면 할수록 쉽게 타협하기 어려워지며 경쟁적 측면이 한층 더 강하게 드러난다.

하지만 현재 한일 양 정부, 사회의 대응을 보면 비대칭에서 대칭으로의 변화에 충분히 적응하지 못하고 있는 점을 지적할 수 있다. 비대칭의 관계에 기반한 한일관계 하에서 형성된 한일 양 정부와 사회의 사고나 행동 양식과 대칭적인 관계에 기반한 사고와 행동 양식이 혼재하여 서로가 관계 악화의 책임을 상대에게 전가함으로써 어느 쪽도 먼저 나서서 타협의 주도권을 잡으려 하지 않고 있다. 일본에서는 한편으로 한국을 한 단계 밑으로 보는 사고나 행동 양식이 남아있으면서도 또 다른 한편으로는 이전의 약속을 지키지 않는 것은 '선진국'답지 않은 것이 된다. 반대로 한국에서는 한편으로는 지금까지 한국에 대한 일본의 '관대함'에 기대하면서도 다른 한편으로는 인권 규범과 역사 인식 등에서 '선진국'답지 않은 일본을 비판적으로 본다.

우선은 한일관계가 대칭 관계로 된 것을 양측이 충분히 고려함으로 역사 문제라는 비대칭 관계 때 형성된 정체성을 둘러싼 갈등을 현재 시점의 가치관과 규범의식에 대조하며 서로의 생각의 차이를 접근시켜간다는 끊임없는 노력이 요청된다. 물론 언제까지나 '과거의 역사'를 고집해서는 안 되지만 비대칭인 '과거의 역사'를 대칭 관계하에서 어떻게 풀어갈 것인지는 단지 비대칭인 관계였을 때의 '해결'을 금과옥조같이 지키는 것으로는 불충분하다. '과거의 해결'을 존중하면서도 끊임없이 '진화'시키는 노력이 양측에 요청된다. 그것이 역사 문제를 '관리'한다는 것이다. 대립을 격화시키는 것이 아닌 양측이 어떠한 노력을 할 것인지 경쟁하는 것이다.

주목해야 할 것은 한일외교의 공통 이익

이상과 같이 한일관계에서 역사 문제의 중요성은 아무리 강조해도 지나치지 않다. 하지만 한일관계를 둘러싼 상황으로 그 시선을 옮기면 역사 대립이 상승작용을 일으키도록 내버려 두어도 좋을 정도로 과연 여유가 있는 것일까 재고해볼 필요가 있다. 대북관계나 미중 대립을 보는 시각에 관해서는 확실히 한일 간에 괴리가 있다는 것을 부정할 수 없다. 그런데도 그 괴리를 지나치게 고정적으로 과잉 의식하고 있지는 않은가. 적어도 한국과 일본을 둘러싼 다른 나라, 즉 미국, 중국, 러시아, 북한과 비교하면 한일의 외교에는 오히려 공통의 이익이 두드러지는 것은 아닌가.

과거 1차 클린턴 정권, 트럼프 정권과 같이 북한에 대한 군사적 수단의 행사를 시도하려고 했던 미국과 한일은 이해관계를 달리한다. 자칫하면 군사적 옵션 행사로 기울기 쉬운 미국에 대해 그러지 않도록 설득하는 것을 한일이 협력해서 행할 필요가 있다.

북한의 비핵화와 북한의 국제사회로의 참가에 관해서도 '완충 국가'로서의 북한의 이용 가치를 중시하는 경향이 강한 중국과도 한일은 이해를 달리한다. 북한의 변화와 그를 통한 남북 평화공존의 제도화, 나아가서는 한국 주도의 통일이 결코 중국에도 불리하지 않다는 것을 한일은 설득할 필요가 있다. 이에 대해서는 러시아 경우도 마찬가지이다.

북한에 대해서는 남북 경제협력과 북일 국교 정상화에 따른 북일 경제협력이라는 수단을 조정하여 조합함으로써 북한이 원하는 경제 발전에 있어서 어떠한 전략이 최적인지 보여줄 수 있다. 그렇게 하는 것이 남북 평화공존의 제도화, 납치 문제의 해결이라는 한일 각각의 현안 해결에도 긍정적으로 움직일 것이다. 북한의 핵미사일 개발을 가능한 한 평화적인 수단으로 해결함으로써 북한의 비핵화를 달성하여 북한을 국제사회의 틀에 한층 더 맞

춤으로써 북한의 도발적 행동을 억제하는 것에 관해 한일은 목적과 수단을 공유한다. 또한, 미중 대립에 관해서도 극한적인 대립에 빠지지 않는 범위에 미중의 전략적 경쟁을 멈추게 하는 것이 한일의 이익에는 일치할 것이다. 게다가 한일이 단독으로는 이러한 영향력 행사는 어렵지만, 협력을 통한 영향력 행사에는 일정 효과를 기대할 수 있다. 한일 안전보장의 기축인 대미동맹 또한 적정한 비용을 부담하면서도 동맹의 효과를 최대화하고 비용을 최소화하기 위해서는 한일이 대립 경쟁하기보다 한일 각각의 대미동맹을 협력적으로 조정해 나가는 것이 바람직하다.

언뜻 보기에 한국과 일본에 외교상 차이가 현재화하고 있는 듯이 보일 수도 있지만, 그렇지 않으며 오히려 외교상 협력의 필요성은 남북 분단 체제의 극복이라는 '구냉전을 해체'하기 위해서, 또한 미중 대립의 격화라는 '신냉전에 맞서기' 위해서도 커질 것이라 말할 수 있지 않을까. 그런 심각한 상황이 빈번해지는 국제 환경에 대해서 어느 쪽의 외교가 바람직한 성과를 거둘 수 있을지를 경쟁하며 또한 그러한 경쟁에 기반하여 협력을 축적하는 그러한 선택을 해야 하는 갈림길에 섰다. 한일 양 정부가

그것을 선택할 수 있을 것인가 또한 그러한 정책 선택을
한일 여론이 과연 지지할 수 있을 것인가가 지금 관건이
되고 있다.

에필로그

　필자의 연구 출발점은 1980년 전후 비민주주의적인 체제하에서 급속한 경제 발전을 이룬, 이른바 '개발독재' 체제에 관한 관심이었다. 왜 비민주주의적인 체제가 아니면 경제 발전을 달성하기 어려운가, 또한 왜 경제 발전을 달성했는데도 민주화가 이뤄지지 않는 것인가 하는 의문이 연구의 출발점이었다. 그리고 개발독재 문제는 일국 단위의 문제가 아니며 현대 세계의 구조에 뿌리내리고 있는 문제가 아닐까 하고 생각하게 되었다.

　이러한 현대 세계의 구조를 미·소와 같은 대국의 관점에서가 아닌 냉전 체제에 의한 강한 제약을 받으며 나아가 아시아 NIES의 일원으로서 급속한 경제 발전의 과정에 있었다는 의미에서 구조에 의한 제약과 기회의 복잡한 매트릭스에 놓인 개발독재 국가인 한국의 관점에서 '역 조명'을 해보고자 생각한 것이다. 또한, 애당초 거의 생각지도 못했던 한국 대학원으로의 유학을 선택했다. 이러한 선택에는 필자의 은사이신 고 사카모토 요시카즈

坂本義和 선생(당시 도쿄대학 법학부 교수) 그리고 이전에 사카모토 선생의 지도를 받았다는 의미에서 '동문 선배'인 최상용 고려대학 교수(후에 주일대사)의 후원이 있었다. 감사드리고 싶다.

마침 유학했을 시절인 1980년대 중순은 한국이 권위주의 체제에서 민주주의 체제로 이행하는 격동기였으며, 필자도 '최루탄 세례'를 여러 번 당했다. 또한, 서울올림픽을 계기로 개발도상국에서 선진국으로 도약하는 시기이기도 했다. 그 의미에서 필자는 '비대칭에서 대칭으로'라는 한일관계의 구조 변용을 한일 양국에서 실제로 경험했다.

당시 한일관계에는 식민지지배의 역사를 둘러싼 대립이라는 문제가 대두되고 있었지만, 그것을 연구 대상으로 하는 데는 마음이 끌리지 않았다. 단지 연구의 과정에서 1960년대 한국의 경제 개발 정책에 초점을 두고 있었기 때문에 1965년의 한일 국교 정상화를 연구 대상에서 제외하기는 어려웠다. 이러한 연구를 통해서 한국 정부의 외교문서를 이용할 기회를 누릴 수 있었으며 1차 사료에 기반하여 한국 외교를 본격적으로 연구해보자고 생각했다. 거기서 '발견한' 한국은 애초 생각했던 것같이

'대국에 농락당하며 우왕좌왕하는 허약한 나라'가 아닌 '대국 관계의 풍파의 시달리면서도 그 와중에서도 씩씩하게 살아남는 나라'였다. 이후의 한국 정치 외교에 관한 필자의 연구는 이러한 문제 관심에 따른 것이다.

그러는 동안 2000년대에 들어서 한일관계의 외교 현장에 관여하는 경험을 하게 되었다. 한국을 대표하는 일본 연구자인 세종연구소 진창수 박사의 제안으로 한일외교 당국자도 참여하는, 양측 연구자 다섯 명으로 구성되는 '한일 지식인 정책 대화日韓有識者間政策対話'에 일본 측 책임자로서 참여하게 된 것이다. 2005년 이후 총 스물일곱 번에 걸쳐 중요하다고 생각되는 주제를 그때마다 선택해 나갔다. '한일관계는 이래야 한다'라는 것 이외에도 '그렇게 하기 위해서는 무엇을 하면 좋을까' 하는 정책적 사고에 관해서 한일 연구자나 외교 담당자와 같이 고민하며 생각하는 귀중한 시간이었다. 특히 한국의 연구자는 원래 현실 정치와 거리가 가까운 사람이 많았기에 그러한 측면에서 대단히 충격을 받았으며 공부가 됐다.

이 책은 그러한 지적인 씨름에 바탕을 두고 집필한 것이다. 유감스럽게도 이 시기 한일관계는 1998년의 한일 파트너십 선언을 절정으로 하여 그 이후 대립, 긴장이 항상 있던 시기였다. 그러한 의미에서는 우리의 대화가 현실의 한일관계를 개선하고 생산적인 것으로 바꾸는 데 얼마나 공헌했나를 생각하면 부끄럽기 짝이 없다.

그런데도 역시 '포기하면 안 된다'라고 생각한다. 최근 일본 정부나 사회에서 '결국 일본이 무엇을 해도 한국의 반일은 달라지지 않는다' '언제나 일본을 비판하는 한국과는 협력할 수 없다'라는 식의 '한국에 대한 포기' 분위기가 매우 강해졌다고 느껴진다. 여당인 자민당의 한 정치가가 한국에 대응할 때 중요한 것은 '정중히 무시하는 것이다'라고 공적인 자리에서 무책임하게 발언했다는 말을 듣고 깜짝 놀란 적이 있다.

반면에 한일 학생 교류의 현장에서 한일의 젊은 학생들이 실로 생기가 넘치고 친밀하게 교류하면서 상당히 곤란한 과제를 진지하게 토론하는 모습을 종종 눈으로 보아왔다. 내가 학생 때는 상상하지 못했던 일이다. 이러한 관계를 더욱 발전시켜 서로가 지혜를 짜낸다면 반드시 한일 간의 어려운 문제도 해결할 수 있지 않을까 기대하고 싶어진다.

문제는 그러한 젊은 세대에 어떠한 한일관계를 남길 수 있을 것인가 하는 것이다. 한일 간의 현안에 대해 문제의식을 지니고 대처하는 일이 필요하지만, 신경 쓰이는 것은 그러한 대처를 하면 할수록 한일관계가 빈약해지며 점점 쇠퇴해지는 것은 아닌가 하고 생각하지 않을 수 없다. 지금 당장 한일관계의 현안들을 해결할 특효약 같은 것은 없을 것이다. 하지만 문제를 대처하는 데 필요한 한일관계의 '잠재력' 같은 것을 키워나갈 필요가 있으며 스스로 해야 할 일은 그런 일이라고 생각한다. 이 책은 그러한 일의 일환이 되고 싶다.

　마지막으로 이 책의 편집 간행에 관해서는 이와나미쇼텐의 나카야마 에이키中山永基 씨에게 신세를 많이 졌다. 이 책의 기획부터 완성에 이르기까지 세심한 배려를 해주셔서 간행할 수 있었다. 한일 간의 긴장이 고조되고 있는 시기에 이러한 기획을 제안해주신 것에 대단히 감사하고 있다. 또한 나의 대학원 수업 수강자들은 이 책의 초고를 읽어주었으며 귀중한 코멘트를 받았다. 이 책이 더욱 좋아지는 데 대단히 도움이 됐다. 다시 한번 감사드린다.

2021년 6월

기미야 다다시

참고문헌

이 책이 참고한 문헌 및 본 책 전체와 각 장의 내용에 관해서 참고해야 할 문헌을 정리해놓았다. 배열은 본 책의 저자가 직접 연관된 것을 우선시로 했다. 그 후에 일본어 문헌, 영어 문헌, 한국어 문헌의 순서로 제시하여 각자의 언어의 배열은 해당 문헌 저자의 라스트 네임의 배열에 따른다. 또한 일본어 문헌을 우선으로 하여 일본어 문헌에서 커버할 수 없는 것은 최소한의 범위에서 영어 문헌 및 한국어 문헌으로 표기했다.

한일관계의 통사 등 전반에 관한 것

- 기미야 다다시木宮正史, 『한국-민주화와 경제 발전의 다이너미즘韓国 - 民主化と経済発展のダイナミズム』 치쿠마쇼보筑摩書房, 2002년.
- 기미야 다다시, 『국제정치 안에서의 한국 현대사国際政治のなかの韓国現代史』, 야마가와출판사山川出版社, 2012년.
- 기미야 다다시, 「일본의 대한반도 외교의 전개-지정학·탈식민지화·냉전체제·경제협력日本の対朝鮮半島外交の展開 - 地政学·脱植民地化·冷戦体制·経済協力」, 하타오 스미오 편波多野澄雄編, 『일본의 외교 제2권 외교사 전후편日本の外交 第2巻 外交史 戦後編』, 이와나미쇼텐岩波書店, 2013년.
- 기미야 다다시·이원덕李元德 편저, 『한일관계사 1965-2015 I 정치日韓関係史 一九六五 - 二〇一五 I 政治』, 도쿄대학출판회東京大学出版会, 2015년.

- 기미야 다다시, 『내셔널리즘에서 본 한국·북한 근현대사ナショナリズムから見た韓国·北朝鮮近現代史』, 고단샤講談社, 2018년.
- 기미야 다다시, 「한국의 국가형성과 그 변용-탈식민지화를 둘러싼 경쟁·「기업가적 국가」에 의한 체제경쟁·포스트 경쟁하의 「선진국화」韓国における国家形成とその変容—脱植民地化をめぐる競争·「企業家的国家」による体制競争·ポスト競争下の「先進国化」」, 다나카 아키히코·가와시마 신 편田中明彦·川島真編, 『20세기의 동아시아사 II 각국사 [1] 동북아시아二〇世紀の東アジア史 II 各国史 [1] 東北アジア』, 도쿄대학출판회, 2020년, 221~274쪽.
- 이종원·기미야 다다시·이소자키 노리요·아사바 유키李鍾元·木宮正史·磯崎典世·浅羽祐樹, 『전후 한일관계사戦後日韓関係史』, 유희각有斐閣, 2017년.

[일본어 문헌]
- 아베 마코토·김도현 편安倍誠·金都亨編, 『한일관계사 1965-2015 II 경제日韓関係史 一九六五 - 二〇一五 II 経済』, 도쿄대학출판회, 2015년.
- 이소자키 노리요·이종구 편磯崎典世·李鍾久編, 『한일관계사 1965-2015 III 사회·문화日韓関係史 一九六五 - 二〇一五 III 社会·文化』, 도쿄대학출판회, 2015년.
- 오쿠노 마사히로·나카에 게이코奥野昌宏·中江桂子, 『미디어와 문화의 한일관계 상호 이해의 심화를 위해서メディアと文化の日韓関係 相互理解の深化のために』, 신요샤新曜社, 2016년.
- 오구라 가즈오小倉和夫, 『일본인의 조선관-왜 「가까우면서 먼 이웃」인가日本人の朝鮮観—なぜ「近くて遠い隣人」なのか』, 니혼게이자이신문출판사日本経済新聞出版社, 2016년.
- 오구라 기조·고하리 스스무 편小倉紀藏·小針進編, 『한일관계의 쟁점日韓関係の争点』, 후지와라쇼텐藤原書店, 2014년.
- 지명관池明観, 『한일관계사 연구-1965년 체제부터 2002년 체제로日韓関係史研究 - 一九六五年体制から二〇〇二年体制へ』, 신교출판사新教出版社, 1999년.
- 조세영趙世瑛, 『한일관계사-대립과 협력의 50년日韓外交史 - 対立と協力の五〇年』, 강희대 역姜喜代訳, 헤이본샤平凡社, 2015년.
- 하타다 다카시旗田巍, 『일본인의 조선관日本人の朝鮮観』, 게이소쇼보勁草書房, 1969년.

- 현무암玄武岩, 『「반일」과 「혐한」의 동시대사-내셔널리즘의 경계를 넘어 「反日」と「嫌韓」の同時代史 - ナショナリズムの境界を越えて』, 벤세이출판勉誠出版, 2016년.
- 이정식李庭植, 『전후 한일관계사戰後日韓関係史』, 오코노기 마사오·후루타 히로시 역小此木政夫·古田博司訳, 중앙공론사中央公論社, 1989년.

서장

- 기미야 다다시, 「한일 시민사회의 관계 구축을 위한 조건韓日市民社会の関係構築のための条件」, 하영선 편河英善編, 『한국과 일본-새로운 만남을 위한 역사 인식韓国と日本 - 新しい出会いのための歴史認識』, 나남출판사, 1997년, 229~264쪽.

1장

- 기미야 다다시, 「식민지 조선에 의한 항일 민족주의 운동의 대외인식植民地朝鮮における抗日民族主義運動の対外認識」, 시모토마이 노부오·이오키베 마코토 편下斗米伸夫·五百旗頭真編, 『20세기 세계의 탄생-양대 전간의 거인들二十世紀世界の誕生—両大戦間の巨人たち』, 죠호분카연구소情報文化研究所, 2000년, 153~174쪽.

[일본어 문헌]
- 이시다 도루石田徹, 『근대 이동기의 북일관계-국교 쇄신을 둘러싼 북일 쌍방의 논리近代移行期の日朝関係 - 国交刷新をめぐる日朝双方の論理』, 게이스이샤溪水社, 2013년.
- 이승일·김대호·정병욱·문영주·정태호·허영난·김민영李昇一·金大鎬·鄭炳旭·文暎周·鄭泰憲·許英蘭·金旻榮, 『일본의 조선 식민지지배와 식민지적 근대日本の朝鮮植民地支配と植民地的近代』, 안자코 유카 감역庵逧由香監訳, 아카시쇼텐明石書店, 2012년.
- 카터 에커트, 『일본제국의 부산물-고창의 김일족과 한국 자본주의의 식민

지 기원 1876-1945日本帝国の申し子 - 高敞の金一族と韓国資本主義の植民地起源 一八七六 - 一九四五』, 고타니 마사요 역小谷まさ代, 소우시샤草思社, 2004년.

- 오카모토 다카시岡本隆司, 『속국과 자주의 사이-근대 한청관계와 동아시아 의 명운属国と自主のあいだ - 近代清韓関係と東アジアの命運』, 나고야대학출판회 名古屋大学出版会, 2004년.
- 가지무라 히데키 저작집 간행 위원회·편집 위원회 편梶村秀樹著作集刊行委員 会·編集委員会編, 『가지무라 히데키 저작집 제2권 조선사의 방법梶村秀樹著作 集 第二巻 朝鮮史の方法』, 아카시쇼텐, 1993년.
- 강동진姜東鎮, 『일본의 조선 지배 정책사 연구-1920년대를 중심으로日本の 朝鮮支配政策史研究 - 一九二〇年代を中心として』, 도쿄대학출판회, 1979년.
- 김낙년 편金落年編, 『식민지기 조선의 국민경제계산 1910-1945植民地期朝 鮮の国民経済計算 一九一〇 - 一九四五』, 문호일·김승미 역, 오다카 고노스케·사 이토 오사무 역문 검수文浩一·金承美 訳, 尾高煌之助·斎藤修 訳文監修, 도쿄대학 출판회, 2008년.
- 김영작金栄作, 『한말 내셔널리즘의 연구韓末ナショナリズムの研究』, 도쿄대학 출판회, 1975년.
- 기무라 칸木村幹, 『조선/한국 내셔널리즘과 「소국」 의식-조공국에서 국민 국가로朝鮮/韓国ナショナリズムと「小国」意識 - 朝貢国から国民国家へ』, 미네르바 쇼보ミネルヴァ書房, 2000년.
- 기무라 겐지木村健二, 『재한 일본인의 사회사在韓日本人の社会史』, 미라이샤 未来社, 1989년.
- 기무라 미쓰히코木村光彦, 『일본 통치하의 조선-통계와 실증연구는 무엇을 말하고 있는가日本統治下の朝鮮 - 統計と実証研究は何を語るか』, 중앙공론신사, 2018년.
- 사토 세이자부로佐藤誠三郎, 『「죽음의 도약」을 넘어-서양의 충격과 일본「死 の跳躍」を越えて - 西洋の衝撃と日本』, 도시출판都市出版, 1993년.
- 다카사키 소지高崎宗司, 『식민지 조선의 일본인植民地朝鮮の日本人』, 이와나 미쇼텐, 2002년.
- 다카사키 소지, 『정본 「망언」의 원형-일본인의 조선인관定本「妄言」の原形 - 日本人の朝鮮人観』, 모쿠세이샤木犀社, 2014년.
- 조경달趙景達, 『식민지기 조선의 지식인과 민중-식민지 근대성론 비판植民

地期朝鮮の知識人と民衆 - 植民地近代性論批判』, 유시샤有志舍, 2008년.

- 조경달 편, 『식민지 조선 그 현실과 해방으로의 길植民地朝鮮 その現実と解放
への道』, 도쿄도출판東京堂出版, 2011년.

- 조경달·미야지마 히로시·이성시·와다 하루키 편趙景達·宮嶋博史·李成市·
和田春樹編, 『「한국병합」 100년을 묻는다-『사상』 특집·관계자료「韓国併合」
一〇〇年を問う - 『思想』特集·関係資料』, 이와나미쇼텐, 2011년.

- 쓰키아시 다쓰히코月脚達彦, 『후쿠자와 유키치와 조선 문제-「조선 개조론」
의 전개와 차질福沢諭吉と朝鮮問題 - 「朝鮮改造論」の展開と蹉跌』, 도쿄대학출판
회, 2014년.

- 도노무라 마사루外村大, 『조선인 강제 연행朝鮮人強制連行』, 이와나미신서,
2012년.

- 박경식朴慶植, 『일본 제국주의의 조선 지배(상·하)日本帝国主義の朝鮮支配(上·
下)』, 아오키쇼텐青木書店, 1973년.

- 하타노 세쓰코波田野節子, 『이광수-한국 근대문학의 시조와 「친일」의 낙인
李光洙 - 韓国近代文学の祖と「親日」の烙印』, 중앙공론신사, 2015년.

- 하라다 다마키原田環, 『조선의 개국과 근대화朝鮮の開国と近代化』, 게이스이
샤, 1997년.

- 그레고리 헨더슨, 『조선의 정치사회-조선 현대사를 비교정치학적으로 첫
해명 소용돌이형 구조의 분석朝鮮の政治社会 - 朝鮮現代史を比較政治学的に初解
明 渦巻型構造の分析』, 스즈키 스나오·오쓰카 다카시게 역鈴木沙雄·大塚喬重 訳,
사이멀출판회サイマル出版会, 1973년.

- 호리 가즈오堀和生, 『조선 공업화의 사적 분석朝鮮工業化の史的分析』, 유희각,
1995년.

- 미야지마 히로시·이성시·윤해동·임지현 편宮嶋博史·李成市·尹海東·林志弦 編,
『식민지 근대화의 시좌-조선과 일본植民地近代の視座 - 朝鮮と日本』, 이와나미
쇼텐, 2004년.

- 모리 마유코森万佑子, 『조선 외교의 근대-종속관계에서 대한제국으로朝鮮外
交の近代 - 宗属関係から大韓帝国へ』, 나고야대학출판회, 2017년.

- 모리야마 시게노리森山茂徳, 『근대 한일관계사 연구-조선 식민지화의 국제
관계近代日韓関係史研究 - 朝鮮植民地化の国際関係』, 도쿄대학출판회, 1987년.

- 모리야마 시게노리, 『한일병합日韓併合』, 요시카와고분칸吉川弘文館, 1992년.

- 윤해동尹海東, 『식민지가 만든 근대-식민지 조선과 제국 일본의 갈등을 생각하다植民地がつくった近代 - 植民地朝鮮と帝国日本のもつれを考える』, 심희찬·하라 유스케 역沈熙燦·原佑介 訳, 삼겐샤三元社, 2017년.
- 와다 하루키和田春樹, 『김일성과 만주 항일 전쟁金日成と満州抗日戦争』, 헤이본샤, 1992년.

[영어 문헌]

- Myers, Ramon H, *The Japanese Colonial Empire, 1895-1945*, Princeton University Press, 1987.
- Palais, James, *Politics and Policy in Traditional Korea*, Harvard University Press, 1991.
- Shin, Gi-Wook and Michael Robinson eds., *Colonial Modernity in Korea*, Harvard University Asia Center, 2001.

2장

- 기미야 다다시, 『1960년대 한국의 냉전 외교의 세 종류-한일 국교 정상화·베트남 파병·ASPAC一九六〇年代韓国における冷戦外交の三種類 - 日韓国交正常化·ベトナム派兵·ASPAC』, 오코노기 마사오·문정인 편小此木政夫·文正仁 編, 『시장·국가·국제 체제市場·国家·国際体制』, 게이오기주쿠대학출판회慶應義塾大学出版会, 2001년, 91~145쪽.
- 기미야 다다시, 『박정희 정부의 선택-1960년대 수출지향형 공업화와 냉전 체제朴正熙政府の選択 - 一九六〇年代輸出指向型工業化と冷戦体制』, 후마니타스, 2008년.

[일본어 문헌]

- 이쿠라 에리이飯倉江里衣, 『만주국군 조선인의 식민지 해방 전후사-일본 식민지하의 군사 경험과 한국군으로의 연속성満洲国軍朝鮮人の植民地解放前後史 - 日本植民地下の軍事経験と韓国軍への連続性』, 유시샤, 2021년.
- 이동원李東元, 『한일 조약 체결 비화-어느 두 명의 외교관의 운명적 만남韓

日条約締結秘話 - ある二人の外交官の運命的出会い』, 최운산 감역崔雲祥 監訳, PHP
연구소PHP研究所, 1997년.

- 이마오카 히데키·오노 고이치·요코야마 히사시 편今岡日出紀·大野幸一·横山
久 編, 『중진국의 공업 발전-복선형 성장의 논리와 실증中進国の工業発展 - 複
線型成長の論理と実証』, 아시아게이자이연구소アジア経済研究所, 1985년.

- 오타 오사무太田修, 『신장신판 한일교섭-청구권 문제의 연구新装新版 日韓交
渉 - 請求権問題の研究』, 크레인クレイン, 2015년.

- 오코노기 마사오小此木政夫, 『조선 분단의 기원-독립과 통일의 상극朝鮮分断の
起源 - 独立と統一の相克』, 게이오기주쿠대학출판회, 2018년.

- 브루스 커밍스, 『한국전쟁의 기원1 해방과 남북 분단 체제의 출현-1945
년-1947년朝鮮戦争の起源1 解放と南北分断体制の出現 - 一九四五年 - 一九四七年』,
정경모·임철·가지 에쓰코 역鄭敬謨·林哲·加地永都子 訳, 아카시쇼텐, 2012년.

- 브루스 커밍스, 『한국전쟁의 기원2 '혁명적' 내전과 미국의 패권-1947
년-1950년(상·하)朝鮮戦争の起源2 「革命的」内戦とアメリカの覇権 一九四七年 -
一九五〇年(上·下)』, 임철·정경모·야마오카 유미 역, 아카시쇼텐, 2012년.

- 김은정金恩貞, 『한일 국교 정상화 교섭의 정치사日韓国交正常化交渉の政治史』,
지쿠라쇼보, 2018년.

- 김정렴金正濂, 『한국경제의 발전-「한강의 기적」과 박대통령韓国経済の発展 -
「漢江の奇跡」と朴大統領』, 사이멀출판회, 1991년.

- 김종필金鍾泌, 『김종필 증언록金鍾泌証言録』, 기미야 다다시 감역, 와카스기
미나코·고이케 오사무 역木宮正史 監訳, 若杉美奈子·小池修 訳, 신초샤도서편집
실新潮社図書編集室, 2017년.

- 김두승金斗昇, 『이케다 하야토 정권의 대외정책과 한일교섭-내정외교에서
의 「정치 경제 일체 노선」池田勇人政権の対外政策と日韓交渉 - 内政外交における
「政治経済一体路線」』, 아카시쇼텐, 2008년.

- 김동조金東祚, 『한일의 화해-한일교섭 14년의 기록韓日の和解 - 日韓交渉一四
年の記録』, 하야시 다케히코 역林建正訳, 사이멀출판회, 1993년.

- 기무라 칸木村幹, 『한국의 「권위주의적」 체제의 성립-이승만 정권의 붕괴
까지韓国における「権威主義的」体制の成立 - 李承晩政権の崩壊まで』, 미네르바쇼보,
2003년.

- 기무라 미쓰히코木村光彦, 『북한의 경제-기원·형성·붕괴北朝鮮の経済 - 起源·

形成·崩壊』, 소분샤創文社, 1999년.

- 고 겐라이高賢来, 『냉전과 개발-자립 경제 건설을 둘러싼 1950년대 한미 관계冷戦と開発 - 自立経済建設をめぐる一九五〇年代米韓関係』, 호세이대학출판국法政大学出版局, 2018년.

- 송병권宋炳巻, 『동아시아 지역주의와 한미일 관계東アジア地域主義と韓日米関係』, 크레인, 2015년.

- 다카사키 소지高崎宗司, 『검증 한일회담検証 日韓会談』, 이와나미쇼텐, 1996년.

- 다카세 히로후미高瀬弘文, 「동북아시아에서의 전후 일본의 경제외교의 단서-한일 통상 협정의 체결을 단서로東北アジアにおける戦後日本の経済外交の端緒 - 日韓通商協定の締結を手掛かりに」 《고쿠사이 세이지国際政治》 제168호, 2012년, 102~116쪽.

- 박경민朴敬珉, 『조선 인양과 한일 국교 정상화 교섭으로의 길朝鮮引揚げと日韓国交正常化交渉への道』, 게이오기주쿠대학출판회, 2018년.

- 박정진朴正鎮, 『북일 냉전 구조의 탄생-1945년-1965 봉인된 외교사日朝冷戦構造の誕生 - 一九四五 - 一九六五 封印された外交史』, 헤이본샤, 2012년.

- 박정희朴正熙, 『박정희 전집1 한민족이 나갈 길朴正熙選集 1 韓民族の進むべき道』, 가시마연구소출판회 역鹿島研究所出版会 訳, 가시마연구소출판회鹿島研究所出版会, 1970년.

- 박정희, 『박정희 전집2 국가·민족·나朴正熙選集 2 国家·民族·私』, 가시마연구소출판회 역, 가시마연구소출판회, 1970년.

- 후지이 겐지藤井賢二, 『다케시마 문제의 기원-전후 한일 해양 분쟁사竹島問題の起原 - 戦後日韓海洋紛争史』, 미네르바쇼보, 2018년.

- 후지와라 가즈키藤原和樹, 『한국전쟁을 싸운 일본인朝鮮戦争を戦った日本人』, NHK출판NHK出版, 2020년.

- 요시자와 후미토시吉澤文寿, 『신장신판 전후 한일관계-국교 정상화 교섭을 둘러싸고新装新版 戦後日韓関係 - 国交正常化交渉をめぐって』, 크레인, 2015년.

- 이종원李鍾元, 『동아시아 냉전과 한미일 관계東アジア冷戦と韓米日関係』, 도쿄대학출판회, 1996년.

- 이종원·기미야 다다시·아사노 도요미 편李鍾元·木宮正史·浅野豊美 編, 『신장판 역사로서의 한일 국교 정상화 I 동아시아 냉전 편新装版 歴史としての日韓国交正常化 I 東アジア冷戦編』, 호세이대학출판국, 2020년.

- 이종원·기미야 다다시·아사노 도요미 편, 『신장판 역사로서의 한일 국교 정상화 II 탈식민지화 編新装版 歴史としての日韓国交正常化 II 脱植民地化編』, 호세이대학출판국, 2020년.
- 와다 하루키, 『한국전쟁 전사朝鮮戦争全史』, 이와나미쇼텐, 2002년.

[영어 문헌]

- Brazinsky, Gregg A., *Nation Building in South Korea: Koreans, Americans, and the Making of a Democracy*, The University of North Carolina Press, 2009.
- Dudden, Alexis, *Troubled Apologies: Among Japan, Korea, and the United States*, Columbia University Press, 2008.
- Eckert, Carter J., *Park Chung Hee and Modern Korea, The Roots of Militarism, 1866-1945*, The Belknap Press of Harvard University Press, 2016.

[한국어 문헌]

- 남기정南基正, 『기지국가의 탄생 일본이 치른 한국전쟁基地国家の誕生 日本が行った朝鮮戦争』, 서울대학교출판문화원, 2016년.

3장 //

- 기미야 다다시, 「한국 외교의 다이너미즘-특히 1970년대 초두의 변화를 중심으로韓国外交のダイナミズム - 特に一九七〇年代初頭の変化を中心に」, 오코노기 마사오·장달중 편小此木政夫·張達重 編, 『전후 한일관계의 전개戦後日韓関係の展開』, 게이오기주쿠대학출판회, 2005년, 35~73쪽.
- 기미야 다다시, 「박정희 정권의 대공산권 외교-1970년대를 중심으로朴正熙政権の対共産圏外交 - 一九七〇年代を中心に」, 《현대 한국 조선 연구現代韓国朝鮮研究》 11호, 2014년, 4~16쪽.
- 기미야 다다시, 「1970년대 한반도 냉전에 관한 시론적 고찰-글로벌 냉전의 데탕트화와 한국 외교一九七〇年代朝鮮半島冷戦に関する試論的考察 - グローバ

ル冷戦のデタント化と韓国外交」,《사상思想》, 2016년 7월호, 77~92쪽.

- 기미야 다다시, 「1970년대 제3세계를 둘러싼 남북외교 경쟁과 한국 외교一九七〇年代第三世界をめぐる南北外交競争と韓国外交」,《현대 한국 조선 연구》 16호, 2016년, 1~13쪽.

[일본어 문헌]

- 아오치 신·와다 하루키 편青地晨·和田春樹 編,『한일연대의 사상과 행동日韓連帯の思想と行動』, 현대평론사現代評論社, 1977년.
- 이시다 도모노리石田智範, 「미일관계에서의 대한국 지원 문제 1977~1981년日米関係における対韓国支援問題 一九七七~一九八一年」,《국제정치》 제176호, 2014년, 14~28쪽.
- 이노우에 마사야井上正也,『중일 국교 정상화의 정치사日中国交正常化の政治史』, 나고야대학출판회, 2010년.
- 이병철李秉哲, 「신냉전·신데탕트 시대의 일본의 동아시아 외교 1979-1987-대한 협력을 중심으로新冷戦·新デタント時代における日本の東アジア外交 一九七九 - 一九八七 - 対韓協力を中心に」, 도쿄대학법학정치학연구과 박사논문東京大学法学政治学研究科博士論文, 2019년.
- 오구라 가즈오小倉和夫,『비록·한일 일조엔 자금秘録·日韓一兆円資金』, 고단샤, 2013년.
- 오코노기 마사오小此木政夫, 「신냉전 하의 한미일 체제-한일 경제협력 교섭과 삼국 전략 협조의 형성新冷戦下の日米韓体制 - 日韓経済協力交渉と三国戦略協調の形成」, 오코노기 마사오·문정인 편小此木政夫·文正仁 編,『시장·국가·국제체제市場·国家·国際体制』, 게이오기주쿠대학출판회, 2001년, 189~212쪽.
- 김종필,『김종필 증언록金鍾泌証言録』, 기미야 다다시 감역, 와카스기 미나코·고이케 오사무 역. 신초샤도서편집실, 2017년.
- 김대중金大中, NHK 취재반 구성·역NHK取材班 構成·訳,『나의 자서전 일본으로의 메시지わたしの自叙伝 日本へのメッセージ』, 일본방송출판협회日本放送出版協会, 1995년.
- 김대중,『김대중 자전 I 사형수에서 대통령으로-민주화로의 길金大中自伝 I 死刑囚から大統領へ一民主化への道』, 하사바 기요시·강종헌 역波佐場清·康宗憲 訳, 이와나미쇼텐, 2011년.

- 김백주金伯柱, 『한반도 냉전과 국제정치 역학-대립에서 데탕트로의 길朝鮮 半島冷戦と国際政治力学 - 対立からデタントへの道のり』, 아카시쇼텐, 2015년.

- 구라타 히데야倉田秀也, 「박정희 「자주국방론」과 미일 「한국조항」-「총력 안보 체제」의 국제정치 경제朴正熙「自主国防論」と日米「韓国条項」-「総力安保体 制」の国際政治経済」, 오코노기 마사오·문정인 편小此木政夫·文正仁 編, 『시장· 국가·국제 체제』, 게이오기주쿠대학출판회, 2001년, 147~188쪽.

- 고일高一, 『북한 외교와 동북아시아-1970-1973北朝鮮外交と東北アジアー 一九七〇 - 一九七三』, 신잔샤信山社, 2010년.

- 시부야 센타로渋谷仙太郎, 『남조선의 반일론-일본의 신팽창주의 비판南朝鮮 の反日論 - 日本の新膨脹主義批判』, 사이멀출판회, 1973년.

- 스미야 미키오隅谷三喜男, 『한국의 경제韓国の経済』, 이와나미쇼텐,1976년.

- 세키카와 나쓰오関川夏央, 『서울의 연습문제-이문화으로의 투시 노트ソウル の練習問題 - 異文化への透視ノート』, 정보센터출판국情報センター出版局, 1984년.

- 서승·서준식徐勝·徐俊植, 『서 형제 지옥에서의 편지-서승, 서준식의 10년徐 兄弟獄中からの手紙 - 徐勝, 徐俊植の一〇年』, 서경식 편역徐京植 編訳, 이와나미쇼 텐, 1981년.

- 서승, 『옥중 19년-한국 정치범의 싸움獄中一九年 - 韓国政治犯のたたかい』, 이 와나미쇼텐, 1994년.

- 지명관, 『지명관 자전 경계선을 넘는 여행池明観自伝 境界線を超える旅』, 이와 나미쇼텐, 2005년.

- 지명관, 『「한국으로부터의 통신」의 시대-한국·위기의 15년을 한일의 저 널리즘은 어떻게 싸웠는가「韓国からの通信」の時代 - 韓国·危機の一五年を日韓の ジャーナリズムはいかにたたかったか』, 가게쇼보影書房, 2017년.

- 최경원崔慶原, 『냉전기 한일 안전보장 관계의 형성冷戦期日韓安全保障関係の形 成』, 게이오기주쿠대학출판회, 2014년.

- 빅터 차, 『한미일 반목을 넘어선 제휴米日韓 反目を超えた提携』, 후나바시 요 이치 감역, 구라타 히데야 역船橋洋一 監訳, 倉田秀也 訳, 유희각, 2005년.

- T·K생, 《세카이》 편집부 편, 『한국으로부터의 통신 1972.11~1974.6韓国 からの通信 1972.11~1974.6』, 이와나미쇼텐, 1974년.

- T·K생, 《세카이》 편집부 편, 『속·한국으로부터의 통신 1974.7~1975.6続· 韓国からの通信 1974.7~1975.6』, 이와나미쇼텐, 1975년.

- T·K생,《세카이》편집부 편,『제3·한국으로부터의 통신 1975.7~1977.8第三·韓国からの通信 1975.7~1977.8』, 이와나미쇼텐, 1977년.

- T·K생,《세카이》편집부 편,『군정과 수난 제4·한국으로부터의 통신軍政と受難 第四·韓国からの通信』, 이와나미쇼텐, 1980년.

- 나카소네 야스히로中曽根康弘,『나카소네 야스히로가 말하는 전후 일본 외교中曽根康弘が語る戦後日本外交』, 신초샤新潮社, 2012년.

- 박정희,『민족의 저력民族の底力』, 김정한 역金定漢 訳, 산케이신문사출판국サンケイ新聞社出版局, 1973년.

- 하세가와 가즈토시長谷川和年,『수상 비서관이 말하는 나카소네 외교의 이면-미·중·한과의 상호신뢰는 얼마나 구축되어졌는가首相秘書官が語る中曽根外交の舞台裏 - 米·中·韓との相互信頼はいかに構築されたか』, 아사히신문출판朝日新聞出版, 2014년.

- 하야시 다케히코林建彦,『박정희의 시대-한국「위에서부터의 혁명」의 18년朴正熙の時代 - 韓国「上からの革命」の十八年』, 유사사悠思社, 1991년.

- 히라카와 사치코平川幸子,『「두 개의 중국」과 일본 방식-외교 딜레마 해결의 기원과 응용「二つの中国」と日本方式 - 外交ジレンマ解決の起源と応用』, 게이소쇼보勁草書房, 2012년.

- 후루노 요시마사古野喜政,『김대중 사건의 정치 결착-주권 포기한 일본 정부金大中事件の政治決着 - 主権放棄した日本政府』, 도호출판東方出版, 2007년.

- 마츠모토 고지 편松本厚治 編,『한일 경제 마찰-한국 이코노미스트와의 논쟁日韓経済摩擦 - 韓国エコノミストとの論争』, 도요게이자이신보사東洋経済新報社, 1986년.

- 모리 가즈코毛里和子,『중일관계-전후부터 신시대로日中関係 - 戦後から新時代へ』, 이와나미쇼텐, 2006년.

- 야마모토 다케시山本剛士,『북일관계-발전하는 경제 교류日朝関係 - 発展する経済交流』, 교이쿠샤教育社, 1978년.

- 유선희劉仙姬,『박정희의 대일·대미 외교-냉전 변용기 한국의 정책, 1968~1973년朴正熙の対日·対米外交—冷戦変容期韓国の政策,一九六八~一九七三年』, 미네르바쇼보, 2012년.

- 유선희,『박정희의 민족주의의 본질-1970년대의 핵 개발과「자주 한국」朴正熙における民族主義の本質 - 一九七〇年代の核開発と「自主韓国」』, 고요쇼보晃洋書

房, 2018년.

- 윤건차尹健次, 『현대 한국의 사상 1980~1990년대現代韓国の思想 一九八〇～一九九〇年代』, 이와나미쇼텐, 2008년.

- 이동준李東俊, 『미완의 평화-미중 화해와 조선 문제의 변용 1969~1975년未完の平和 - 米中和解と朝鮮問題の変容 一九六九～一九七五年』, 호세이대학출판국, 2010년.

- 와카쓰키 히데카즈若月秀和, 『「전방위 외교」의 시대-냉전 변용기의 일본과 아시아 1971-80년「全方位外交」の時代−冷戦変容期の日本とアジア 一九七一 - 八〇年』, 니혼게이자이효우론사日本経済評論社, 2006년.

- 와카쓰키 히데카즈, 『냉전의 종언과 일본 외교-스즈키·나카소네·다케시타 정권의 외정 1980~1989년冷戦の終焉と日本外交 - 鈴木・中曽根・竹下政権の外政 一九八〇～一九八九年』, 지쿠라쇼보千倉書房, 2017년.

- 와타나베 도시오渡辺利夫, 『현대 한국 경제 분석-개발 경제학과 현대 아시아現代韓国経済分析 - 開発経済学と現代アジア』, 게이소쇼보, 1982년.

[영어 문헌]

- Gills, Barry K., *Korea versus Korea: A Case of Contested Legitimacy*, Routledge, 1996.

- Kim, Byung-Kook and Ezra F. Vogel, eds., *The Park Chung Hee Era: The Transformation of South Korea*, Harvard University Press , 2011.

- Kim, Hyung-A and Clark W. Sorensen, eds., *Reassessing the Park Chung Hee Era 1961-1979: Development, Political Thought, Democracy, and Cultural Influence*, A Center for Korea Studies Publications, University of Washington Press, 2011.

- Sakamoto, Yoshikazu, *Korea as a World Order Issue*, World Order Model Project, 1978.

[한국어 문헌]

- 고모다 마유미薦田真由美, 「한일 "안보 경협" 분석: 역사적 전개와 이론적 함의韓日『安保経済』分析 - 歷史的展開と論理的含意」, 고려대학대학원 정치외교

학과 박사논문, 2013년.

• 노태우盧泰愚, 『노태우 회고록 상 국가, 민주화 나의 운명盧泰愚回顧錄 上 国家, 民主化, 私の運命』, 조선뉴스프레스, 2011년.

• 노태우, 『노태우 회고록 하 전환기의 대전략盧泰愚回顧錄 下 転換期の大戦略』, 조선뉴스프레스, 2011년.

• 전두환全斗煥, 『전두환 회고록 1 혼돈의 시대全斗煥回顧錄1 混沌の時代 1979-1980』, 자작나무숲, 2017년.

• 전두환, 『전두환 회고록 2 청와대 시절全斗煥回顧錄2 青瓦台時代 1980-1988』, 자작나무숲, 2017년.

• 홍석률洪錫律, 『분단의 히스테리-공개문서로 보는 미중관계와 한반도分断のヒステリー公開文章で見る米中関係と朝鮮半島』, 창비, 2012년.

4장

• 기미야 다다시, 「한일관계-비대칭적인 상호 보완에서 대칭적인 경합으로 日韓関係 - 非対称的な相互補完から対称的な競合へ」, 오야네 사토시·오니시 유타카 편大矢根聡·大西裕 編, 『FTA·TPP의 정치학 무역 자유화와 안전보장·사회보장FTA·TPPの政治学 貿易自由化と安全保障·社会保障』, 유희각, 2016년, 251~271쪽.

[일본어 문헌]

• 이오키베 가오루·고미야 가즈오·호소야 유이치·미야기 다이조·도쿄 자이단 세이지가이코우 겐큐카이 편五百旗頭薫·小宮一夫·細谷雄一·宮城大蔵·東京財団政治外交検証研究会 編, 『전후 일본의 역사 인식戦後日本の歴史認識』, 도쿄대학출판회, 2017년.

• 임동원林東源, 하사바 기요시 역波佐場清 訳, 『남북정상회담으로의 길-임동원 회고록南北首脳会談への道 - 林東源回顧録』, 이와나미쇼텐, 2008년.

• 오니시 유타카大西裕, 『선진국·한국의 우울-소자고령화, 경제 격차, 글로벌화先進国·韓国の憂鬱 - 少子高齢化, 経済格差, グローバル化』, 중앙공론신사, 2014년.

• 오누마 야스아키大沼保昭, 『「위안부」 문제란 무엇이었는가-미디어·NGO·

정부의 공죄『慰安婦』問題とは何だったのか—メディア·NGO·政府の功罪』, 중앙공론신사, 2007년.

- 김숙현金淑賢, 『한중 국교 정상화와 동아시아 국제정치의 변용中韓国交正常化と東アジア国際政治の変容』, 아카시쇼텐, 2010년.

- 김성민金成玟, 『전후 한국과 일본문화-「왜색」금지부터 「한류」까지戰後韓国と日本文化 - 「倭色」禁止から「韓流」まで』, 이와나미쇼텐, 2015년.

- 김대중, 『김대중 자전 II 역사를 믿으며-평화통일로의 길金大中自伝II 歴史を信じて - 平和統一への道』, 하사바 기요시·강종헌 역, 이와나미쇼텐, 2011년.

- 기무라 칸, 『한일 역사 인식 문제란 무엇인가-역사 교과서·「위안부」·포퓰리즘日韓歴史認識問題とは何か—歴史教科書·「慰安婦」·ポピュリズム』, 미네르바쇼보, 2014년.

- 여성을 위한 아시아 평화 국민 기금 편女性のためのアジア平和国民基金 編, 『아시아 여성 기금-오럴 히스토리アジア女性基金 - オーラルヒストリー』, 여성을 위한 아시아 평화 국민 기금女性のためのアジア平和国民基金, 2007년.

- 다니노 사쿠타로谷野作太郎, 『외교 증언록 아시아 외교-회고와 고찰外交証言録 アジア外交 - 回顧と考察』, 이와나미쇼텐, 2015년.

- 도가시 아유미冨樫あゆみ, 『한일 안전보장 협력의 검증-냉전 이후의 「위협」을 둘러싼 역학日韓安全保障協力の検証 - 冷戦以後の「脅威」をめぐる力学』, 아키쇼보亜紀書房, 2017년.

- 현대송玄大松, 『영토 내셔널리즘의 탄생-「독도/다케시마」문제의 정치학領土ナショナリズムの誕生 - 「独島/竹島問題」の政治学』, 미네르바쇼보, 2006년.

- 후나바시 요이치船橋洋一, 『더 페닌슐라 퀘스천-한반도 제2차 핵 위기ザ·ペニンシュラ·クエスチョン—朝鮮半島第二次核危機』, 아사히신문사, 2006년.

[영어 문헌]
- Perry, William J., *My Journey at the Nuclear Brink*, Stanford Security Studies, 2015.
- Wit, Joel S., Daniel B. Poneman, Robert L. Gallucci, *Going Critical: The First North Korean Nuclear Crisis*, Brookings Institution Press, 2004.

[한국어 문헌]
- 김영삼金泳三, 『김영삼 대통령 회고록 민주주의를 위한 나의 투쟁 상·하金泳三大統領回顧録民主主義のための私の闘争 上·下』, 조선일보사, 2001년.
- 노무현盧泰愚, 『성공과 좌절 노무현 대통령 못다 쓴 회고록成功と挫折 盧武鉉大統領が書き終えられなかった回顧録』, 학고재, 2009년.

5장

- 기미야 다다시 책임 편집, 『시리즈 일본의 안전보장 6 한반도와 동아시아シリーズ日本の安全保障 6 朝鮮半島と東アジア』, 이와나미쇼텐, 2015년.
- 기미야 다다시, 「파워 시프트에 직면하는 동아시아와 일본의 위상パワーシフトに直面する東アジアと日本の位相」, 스기타 아츠시 편杉田敦 編, 『이와나미 강좌 현대 제4권 글로벌화 안에서의 정치岩波講座現代 第4巻 グローバル化のなかの政治』, 이와나미쇼텐, 2016년, 191~213쪽.
- 기미야 다다시, 「한국에서 본 미중관계韓国から見た米中関係」, 가와시마 신·모리 사토루 편川島真·森聡編, 『애프터 코로나 시대의 미중관계와 세계 질서アフターコロナ時代の米中関係と世界秩序』, 도쿄대학출판회, 2020년, 231~243쪽.
- 이종원·기미야 다다시 편저, 『한반도 위기에서 대화로-변동하는 동아시아의 지정도朝鮮半島 危機から対話へ―変動する東アジアの地政図』, 이와나미쇼텐, 2018년.

[일본어 문헌]
- 이영훈 편李栄薫 編, 『반일 종족 주의-한일 위기의 근원反日種族主義 - 日韓危機の根源』, 분게이슌주文藝春秋, 2019년.
- 기무라 칸, 『역사 인식은 어떻게 이야기되어져 왔는가歴史認識はどう語られてきたか』, 지쿠라쇼보千倉書房, 2020년.
- 기무라 칸·다나카 사토루·김용민 편저木村幹·田中悟·金容民 編著, 『헤이세이 시대의 한일관계-낙관에서 비관으로의 30년平成時代の日韓関係―楽観から悲観への三〇年』, 미네르바쇼보, 2020년.

- 박유하朴裕河, 『제국의 위안부-식민지지배와 기억의 싸움帝国の慰安婦 - 植民地支配と記憶の闘い』, 아사히신문출판, 2014년.
- 하타노 스미오波多野澄雄, 『「징용공」 문제란 무엇인가-조선인 노무 동원의 실태와 한일 대립「徴用工」問題とは何か-朝鮮人労務動員の実態と日韓対立』, 중앙공론신사, 2020년.
- 하루키 이쿠미春木育美, 『한국 사회의 현재-초소자화, 빈곤·고립화, 디지털화韓国社会の現在 - 超少子化, 貧困·孤立化, デジタル化』, 중앙공론신사, 2020년.
- 마츠모토 고지松本厚治, 『한국 「반일주의」의 기원韓国「反日主義」の起源』, 소시샤草思社, 2019년.
- 야마모토 세이타·가와카미 시로·인용기·장계만·김창호·아오키 유카山本晴太·川上詩朗·殷勇基·張界満·金昌浩·青木有加, 『징용공 재판과 한일 청구권 협정-한국 대법원 판결을 해독하다徴用工裁判と日韓請求権協定 - 韓国大法院判決を読み解く』, 겐다이진분사現代人文社, 2019년.
- 요시자와 후미토시 편吉澤文寿 編, 『역사 인식에서 본 전후 한일관계-「1965년 체제」의 역사학·정치학적 고찰歴史認識から見た戦後日韓関係 - 「一九六五年体制」の歴史学·政治学的考察』, 샤카이효론샤社会評論社, 2019년.
- 와다 하루키, 『위안부 문제의 해결을 위하여-아시아 여성 기금의 경험으로부터慰安婦問題の解決のために - アジア女性基金の経験から』, 헤이본샤, 2015년.
- 와다 하루키, 『아시아 여성 기금과 위안부 문제-회상과 검증アジア女性基金と慰安婦問題 - 回想と検証』, 아카시쇼텐, 2016년.
- 와다 하루키, 『위안부 문제의 해결엔 무엇이 필요한가慰安婦問題の解決に何が必要か』, 세이토샤青灯社, 2020년.

[한국어 문헌]
- 이명박, 『대통령의 시간 2008-2013』, 알에이치코리아, 2015년.

종장

- 기미야 다다시, 「특별 리포트 한일관계 개선으로의 길」 『브리태니커 국제연감 2020년판』, 브리태니커 재팬ブリタニカ·ジャパン, 2020년, 114~116쪽.

[일본어 문헌]

• 백영서(조경희 감역, 나카지마 다카히로 해설), 『공생으로의 길과 핵심 현장-실천 과제로서의 동아시아共生への道と核心現場 - 実践課題としての東アジア』, 호세이 대학 출판국, 2016년.

[여론조사]

• 내각부, '외교에 관한 여론조사' https://survey.gov-online.go.jp/index-gai.html

• 언론 NPO·동아시아 연구원, '한일 공동 여론조사' https://www.genron-npo.net/

[공동성명 등 외교문서]

• 일본 외무성 웹사이트 https://www.mofa.go.kr

• 일본과 한반도 관계 자료집 정책연구대학 대학원GRIPS·도쿄대학 동양 문화 연구소 '데이터베이스 세계와 일본' https://worldjpn.grips.ac.jp/

[통계자료]

• 일본 법무성 출입국 재류관리청 출입국관리 총계 https://www.moj.go.jp/isa/policies/statistics/index.html

• 한국 법무부 출입국관리·외국인 정책본부 출입국관리연표 https://www.immigration.go.kr/immigration/1570/subview.do

• 한국 통계청 국가통계 포털 '국제·북한 통계' https://kosis.kr/statisticsList/statisticsListIndex.do?menuId=M_02_01_01&vwcd=MT_RTITLE&parmTabId=M_02_01_01SelectStatsBoxDiv

• UN통계(AMA)
  https://www.unstats.un.org/used/snaama/Index

이하 웹사이트의 최종 열람일은 2021년 5월 2일.

한일관계 연대표

1945 8.15 일본의 패전, 한반도는 미·소에 의한 분할 점령 8.17 히가시쿠니노미야 나루히코東久邇宮稔彦王 내각 성립. 미군, 남한 지역에 군정 10.9 시데하라 기주로幣原喜重郎 내각 성립

1946 5.22 요시다 시게루吉田茂 내각 성립

1947 5.24 가타야마 데쓰片山哲 내각 성립

1948 3.10 아시다 히토시芦田均 내각 성립 7.20 이승만 대통령 선출 8.15 대한민국 성립 9.9 조선민주주의인민공화국 성립 10.15 2차 요시다 시게루 내각 성립. 이승만 첫 방일

1949 1.4 한국 주일 대표부를 도쿄에 설치 4.23 한일 통상 협정 체결

1950 6.25 한국전쟁 발발(~1953.7.27)

1951 7.10 한국전쟁 휴전 회담 9.8 샌프란시스코 평화조약, 미일 안보 조약 조인(발효는 1952년) 10.20 한일 예비회담 개최(~12.4)

1952 1.18 한국 정부가 이승만 라인을 선언 2.15 제1차 한일회담(~4.26) 8.5 이승만 대통령 재선

1953 1.5 이승만이 방일, 요시다와 회담 4.15 제2차 한일회담(~7.23) 7.27 한국전쟁 휴전협정 조인 10.1 한미 상호 방위조약 조인 10.6 제3차 한일회담(~10.21) 10.15 재산 청구권 위원회에서 '구보타 발언' 10.21 한국 측 대표단에 의한 교섭 중단, 귀국

1954 7.12 한국 정부가 오무라 수용소의 재일교포 석방을 요구, 일본 정부는 거부

1955 2.25 북한, 남일 외무상에 의한 '남일 성명'

1956 5.15 이승만 대통령 3선 12.23 이시바시 단잔石橋湛山 내각 성립

1957 2.25 기시 노부스케岸信介 내각 성립

1958 4.15 제4차 한일회담(~1960.4.25)

1959 2.13 국제적십자사에 의한 재일교포 귀환사업 각의 결정

1960 **1.6** 미일 간 조선 의사록 체결 **3.15** 이승만 대통령 4선(후에 부정선거를 이유로 무효) **4.19** 이승만의 독재와 부정선거에 항의하는 학생 운동(4월 혁명) **4.27** 이승만 대통령 사임 **7.19** 이케다 하야토池田勇人 내각 성립 **8.12** 윤보선 대통령 선출 **10.25** 제5차 한일회담(~1961.5)

1961 **5.16** 박정희 등에 의한 군사 쿠데타 **10.20** 제6차 한일회담(~1964.12.2) **11.11** 박정희 국가 재건 최고 회의의장 방일(이케다 하야토 수상과의 회담), 방미(케네디 미 대통령과의 회담, 11.13~24)

1962 **3.22** 윤보선 대통령 하야 성명 **11.12** 김종필 한국 정보부 부장과 오히라 마사요시 외무상 회담, 청구권 문제가 결말이 남

1963 **10.15** 박정희 대통령 취임

1964 **6.3** 한일조약 반대운동이 격화(6·3사태) **11.9** 사토 에이사쿠佐藤榮作 내각 성립 **12.3** 제7차 한일회담(~1965.6.22)

1965 **5.16** 한국, 베트남 파병 결정 **6.22** 한일기본조약 체결

1967 **2.17** 제2차 사토 에이사쿠 내각 성립 **5.3** 박정희 대통령 재선

1969 **11.21** 미일 정상회담에서 한국 조항에 합의

1970 **1.14** 제3차 사토 에이사쿠 내각 성립

1971 **3.24** 미국 정부 주한 미군 축소 결정 **9.20** 남북적십자 예비회담 **12.6** 박정희 대통령 국가비상사태 선언

1972 **7.4** 7·4 남북공동성명 **7.7** 다나카 가쿠에이田中角榮 내각 성립 **9.29** 중일 공동성명 **10.17** 한국에서 유신체제 성립 **12.23** 박정희 대통령 선출

1973 **3.15** 한국군 베트남에서 완전 철퇴 **5.** 잡지 《세카이》에 T·K생 '한국에서의 통신' 연재 개시(~1988) **6.23** 6·23 평화통일 외교정책에 관한 대통령 특별선언 **8.8** 김대중 납치 사건

1974 **4.3** 한국 정부 민청학련 사건을 발표 **8.15** 문세광 사건, 육영수가 사망 **12.9** 미키 다케오三木武夫 내각 성립

1976 **10.24** 코리아 게이트 사건

1977 **3.9** 미국 정부 주한 지상 미군 철퇴의 방침

1979 **7.20** 주한 지상 미군 철퇴 방침의 동결 **10.26** 박정희 대통령 암살 **12.8** 최규하 대통령 취임 **12.12** 전두환에 의한 군내 쿠데타

1980 **5.17** 한국에서 비상계엄령 **5.18** 광주에서 학생 시위(광주민주화운동) **9.1** 전두환 대통령 취임 **9.17** 김대중에 사형판결 **10.27** 한국에서 신헌법

발효

1981 3.3 전두환 제5공화국 대통령으로 취임

1982 6.26 제1차 역사 교과서 문제 11.27 나카소네 야스히로中曽根康弘 내각 성립

1983 1.11 나카소네 수상이 공식 방한, 전두환 대통령과 회담

1984 4. NHK '안녕하십니까 한글 강좌' 개시 9.6 전두환 대통령이 방일

1985 8.15 나카소네 수상이 야스쿠니 신사를 공식 참배 9.22 플라자 합의 12.12 북한이 NPT 가맹

1986 제2차 역사 교과서 문제

1987 6.29 노태우 '민주화 선언' 11.6 다케시타 노보루竹下登 내각 성립

1988 2.25 노태우가 대통령으로 취임 7.7 7·7 선언(민족자존과 통일 번영을 위한 대통령 특별선언) 9.17 서울올림픽 개막

1989 6.2 우노 소스케宇野宗佑 내각 성립 8.9 가이후 도시키海部俊樹 내각 성립

1990 9.24 가네마루 신과 다나베 마코토가 방북

1991 9.17 한국과 북한이 UN에 동시 가맹 11.5 미야자와 기이치宮澤喜一 내각 성립 12.6 전 '위안부'가 일본 정부에 보상 청구 소송 12.13 남북 기본합의서 체결 12.31 남북 비핵화 공동선언 체결

1992 1.16 미야자와 수상이 방한, '위안부'에 일본군 관여를 사죄 6.20 외국인 등록법 개정, 1993년 1월부터 지문날인 제도 폐지

1993 2.25 김영삼 대통령 취임 3.12 북한이 NPT 탈퇴를 발표, 제1차 핵 위기 8.4 고노 담화 8.9 호소카와 모리히로細川護熙 내각 성립

1994 6.17 북미가 북한의 NPT 잔류를 합의 6.30 무라야마 도미이치村山富市 내각 성립. 7.8 김일성 사거 10.21 제네바 북미 핵 합의

1995 7.19 아시아 여성 기금 설립 8.15 무라야마 담화

1996 1.11 하시모토 류타로橋本龍太郎 내각 성립

1997 7. 아시아 통화위기 11. 한국 IMF에 긴급지원을 요청

1998 2.25 김대중 대통령 취임 7.30 오부치 게이조小渕惠三 내각 성립 10.8 김대중 방일, '한일 공동선언-21세기를 향한 새로운 한일 파트너십'

2000 4.5 모리 요시로森喜朗 내각 성립 6.13~15 남북정상회담, 남북공동선언

2001 4.26 고이즈미 준이치로小泉純一郎 내각 성립

2002 5.31 한일 월드컵 개막 9.17 고이즈미 수상 방북, 북일 평양선언

2003 1.1 북한이 NPT 탈퇴를 선언 2.25 노무현 대통령 취임 4.30 북한이 핵
무기 보유를 표명 8.27~29 제1차 6자회담

2004 5.22 고이즈미 수상 재방북 7.21~22 한일정상회담

2005 3.16 시마네현 의회가 '다케시마의 날' 조례제정 3.17 노무현 대통령
대일 신독트린 표명

2006 9.26 1차 아베 신조安部晋三 내각 성립 10.9 북한의 첫 핵실험

2007 3.16 '위안부'의 강제 연행에 대한 아베 내각에 의한 각의 결정 9.26 후
쿠다 야스오福田康夫 내각 성립

2008 2.25 이명박 대통령 취임 9.24 아소 다로麻生太郎 내각 성립

2009 9.16 하토야마 유키오鳩山由紀夫 내각 성립

2010 6.8 간 나오토菅直人 내각 성립 8.10 간 담화

2011 8.30 한국의 헌법재판소가 '위안부' 문제에 의한 한국 정부의 부작위
에 대해 위헌 결정 9.2 노다 요시히코 내각 성립 12.4 주한일본대사관
맞은편에 '소녀상' 설치 12.17 김정일 사거

2012 5.24 한국 대법원(소법정)이 일본 기업에 대한 전 '강제징용공'의 손해
배상청구를 인정하는 판결 8.10 이명박 대통령이 독도에 상륙 12.26 2
차 아베 신조 내각 성립

2013 2.25 박근혜 대통령 취임

2014 3.25 헤이그에서 한미일 정상회담

2015 11.1 한일정상회담 12.28 '위안부' 문제에 대해 한일 정부 간 합의

2017 5.10 문재인 대통령 취임

2018 4.27 판문점에서 남북정상회담, 판문점 선언 6.12 싱가포르에서 북미
정상회담, 공동성명. 9.18~19 평양에서 남북정상회담, 평양선언 10.30
한국 대법원(대법정)이 일본 기업에 전 '강제징용공'에의 손해배상을 명
하는 판결 11.21 한국 정부 '화해·치유 재단' 해산 발표 12.20 노토반
도能登半島 앞바다에서 한국 해군과 해상 자위대 사이에서 화기 관제
레이더 조준을 둘러싼 사건

2019 2.27~28 하노이에서 북미정상회담 7.1 일본 정부에 의한 대한 수출관
리조치 재검토 발표

2020 9.16 스가 요시히데菅義偉 내각 성립

2021 1.8 서울중앙지방법원이 일본 정부에 대해 전 '위안부'에 손해배상을

명하는 판결 **4.21** 서울중앙지방법원이 일본 정부에 대한 전 '위안부'의 손해배상 청구를 주권 면제를 이유로 각하하는 판결 **6.7** 서울중앙지방법원이 일본 기업에 대해 전 '강제징용공'의 손해배상 청구를 한일 청구권 협정을 이유로 각하하는 판결

옮긴이 후기

　이 책의 저자 기미야 다다시 교수는 일본을 대표하는
한반도 및 한일관계 전문가로 도쿄대학에서 한국학 연구
와 교육을 주도하며 한반도 문제에 관한 수많은 저서와
논문을 집필하였다. 저자는 도쿄대학 법학부를 졸업한
후 동 대학원에서 국제정치학을 연구하던 중, 지도교수
인 사카모토 요시카즈 선생의 권고로 고려대학교 대학원
으로 유학을 와, 한반도 문제를 천착하기 시작했다. 그가
고려대학 대학원생으로 한국 연구에 첫발을 내디딘 해가
1986년이고 이 책이 일본에서 출판된 것이 2021년이니,
어떤 의미에서 이 책은 그가 35년간 진력해온 한국 연구
의 귀중한 성과와 축적을 압축적으로 담은 결실이라고
할 수 있다.

　기본적으로 이 책은 구한말부터 150년간의 한일관계
사를 시야에 두고 집필되었으나 집중적인 분석 대상은
1945년부터 현재에 이르기까지 약 75년 동안의 한일관
계이다. 기본적으로 75년간의 한일관계를 네 개의 시기

로 구분하여 검토하고 있는데 이러한 시기 구분의 기준점은 한일을 둘러싼 국제정치 구조 변화이다. 즉, 저자는 한일관계의 다이너미즘을, 국내 정치 변수와 더불어 냉전과 데탕트, 탈냉전과 미중 전략 경쟁, 그리고 남북한 관계 등의 국제정치적 변수를 동시에 복합적으로 조망하며 분석하는 방법을 취하고 있다.

1기는 1945년부터 1970년까지의 25년간으로, 냉전이라는 국제 체제에서 한일이 비수교 상태에서 국교를 정상화하여 본격적인 양자 관계로 이행된 시기이다. 2기는 1970~1980년대의 20년간으로, 냉전 체제가 데탕트로 완화되면서 한일이 비대칭적인 협력을 추구했던 시기이다. 3기는 1990~2000년대의 20년간으로, 냉전 체제가 종언을 고한 후, 한일관계가 대칭적인 관계로 전환된 시기이다. 4기는 2010년대 이후 미중관계가 본격적인 전략 경쟁으로 돌입하면서 한일이 대칭적인 관계 속에서 갈등과 마찰을 심화시키는 시기이다.

네 시기에 걸친 75년간의 한일관계 전개 과정을 분석하면서 저자가 채용하고 있는 핵심적 키워드는 다름 아닌 대칭과 비대칭의 개념이다. 한마디로 한일관계는 해방 후부터 현재에 이르기까지 비대칭의 관계에서 점차 대칭적인 관계로 이행하는 과정을 겪고 있다고 주장한다. 흥미로운 사실은 한일관계가 비대칭적이었던 냉전 시대에 한일은 경제와 안보 분야에서 매우 긴밀한 공조와 협력 관계를 유지했으나, 1990년대 이후 한일이 대칭적인 관계로 변모하면서 오히려 갈등과 마찰이 격화되었다는 점이다. 특히 2010년대 이후 한일의 파워가 균등해지면서 역사 문제를 둘러싼 갈등과 마찰은 현저하게 확대, 심화를 겪게 된다.

나는 최근 한일관계에서 나타나는 갈등과 마찰을 설명하기 위해, 한일이 경제, 기술, 외교, 문화 등의 영역에서 수직적인 관계에서 수평적인 관계로 이행하고 있다는 점에 착안하여 양자 관계의 구조 변화를 주목해왔다. 아마도 저자가 이 책에서 말하고 있는 비대칭에서 대칭으로의 변화와 일맥상통하는 면이 있다고 생각한다. 수교 후 한일 간 파워 관계 변화 추세를 보면 그야말로 상전벽해를 방불케 한다. 1965년 수교 시 한일 GDP 격차는 1대 30이었으나, 1990년에는 1대 10으로 좁혀졌고 2010년에는 1대 5가 되었다. 2020년에는 1대 3으로 더욱 간격이 좁혀졌다. 한일 인구는 5000만 명대 1억 2600만 명이므로 1인당 GDP의 한일 간 차이는 별로 없다. 2019년

평균 임금으로만 보면 한국이 4만 2,300달러, 일본은 3만 8,600달러로 한국이 앞섰다. 2021년 방위비 지출만 보면 한국과 일본이 거의 비슷한 수준이다. 향후 디지털 시대의 경제, 산업, 기술 역량으로 보면 한국이 일본을 따라잡을 날도 먼 미래의 일이 아닐지 모른다.

저자가 한일관계 분석에서 보여주는 또 하나의 주목할 만한 관점은 한국에 대한 각별한 관심과 애정 어린 시선이라고 할 수 있다. 주지하다시피 최근 일본에서는 그야말로 혐한론이 범람하고 있다. 위안부 문제와 징용 문제가 한일관계의 심각한 악재로 부상한 이후, '약속을 지키지 않는 한국' '국제법과 조약을 무시하는 한국'이라는 프레임이 일본의 미디어와 여론을 지배하는 한국 담론이 되었다. 우리는, 저자가 이러한 일본의 특수한 상황에 굴하지 않고 한국발 주장과 논리의 배경과 근거를 편견 없이 검토하고, 존중하는 자세로 평가하는 균형감을 보여주고 있음을 엿볼 수 있다.

내가 이 책을 번역하기로 한 데에는, 출판사 측의 요청도 있었지만, 나름의 각별한 이유도 있다. 내가 저자를 처음 만난 것은, 그가 유학생으로 고려대학 대학원에 갓 입학했던 1986년의 일로, 당시엔 나 역시 서울대학교 외교학과에서 대학원 공부를 하던 학생이었다. 한일관계를 시야에 두고 국제정치학을 공부하던 나로서는 일본인으로 한국 정치에 남다른 지적 호기심을 보이던 저자와의 만남과 토론을 통해 많은 것을 깨우치고 배우는 기회를 누릴 수 있었다.

지금 와서 생각해보니 당시 그와 나눈 친교가 내가 훗날 일본 정치·외교와 한일관계에 관해 학문적 흥미를 갖고 결국은 동 분야의 연구를 본업으로 삼게 된 계기 중 하나였던 것 같다. 그 후 저자와의 학문적 대화, 인간적 만남은 오늘까지 계속되고 있다. 국경을 넘어 함께 학문을 논하고 각기 나라 걱정을 하며 인간적으로는 우정을 나누는 관계를 35년 동안 지속할 수 있었던 것은 나에게는 크나큰 행운이라고 생각되며 이 자리를 빌려 저자에게 감사를 표하고 싶다.

이 책의 번역은 세 명의 공동작업으로 이루어졌다. 국민대학교 일본학과를 졸업하고 각각 게이오대학과 리쓰메이칸 대학원에서 공부하고 있는 김하영과 박희진이 초벌 번역의 수고를 맡아줬다. 내가 이를 바탕으로 정밀 검토작업을 거듭하여 수정, 보완하는 방식으로 번역을 완성했다. 코로나19로 인한 일본 입국 제한조치로 예기치 않게 줌 수업을 들으며 국내 유학(?)하고 있는 제자 두 명과 더불어 2021년 가을학기 내내 때아닌 '한일관계사 세미나'를 격주로 진행하면서 번역의 완성도를 높이고자 노력했다. 그런데도 여전히 번역상의 작은 오류나 매끄럽지 못한 표현이 남아있다면 그것은 전적으로 내 책임이고 능력 부족의 소산임을 인정한다.

IWANAMI 074

한일관계사

-한일 대립은 언제 끝날 것인가. 과연 관계 개선은 가능할까-

초판 1쇄 인쇄 2022년 4월 10일
초판 1쇄 발행 2022년 4월 15일

저자 : 기미야 다다시
번역 : 이원덕

펴낸이 : 이동섭
편집 : 이민규
책임편집 : 조세진
디자인 : 조세연
표지 디자인 : 공중정원
영업·마케팅 : 송정환, 조정훈
e-BOOK : 홍인표, 최정수, 서찬웅, 김은혜, 이홍비, 김영은
관리 : 이윤미

㈜에이케이커뮤니케이션즈
등록 1996년 7월 9일(제302-1996-00026호)
주소 : 04002 서울 마포구 동교로 17안길 28, 2층
TEL : 02-702-7963~5   FAX : 02-702-7988
http://www.amusementkorea.co.kr

ISBN 979-11-274-5228-5 04910
ISBN 979-11-7024-600-8 04080 (세트)

NIKKAN KANKEISHI
by Tadashi Kimiya
Copyright © 2021 by Tadashi Kimiya
Originally published in 2021 by Iwanami Shoten, Publishers, Tokyo.
This Korean print edition published 2022
by AK Communications, Inc., Seoul
by arrangement with Iwanami Shoten, Publishers, Tokyo

지성과 양심 **이와나미**岩波 **시리즈**

001 이와나미 신서의 역사 가노 마사나오 지음 | 기미정 옮김
이와나미 신서의 사상·학문적 성과의 발자취

002 논문 잘 쓰는 법 시미즈 이쿠타로 지음 | 김수희 옮김
글의 시작과 전개, 마무리를 위한 실천적 조언

003 자유와 규율 이케다 기요시 지음 | 김수희 옮김
엄격한 규율 속에서 자유의 정신을 배양하는 영국의 교육

004 외국어 잘 하는 법 지노 에이이치 지음 | 김수희 옮김
외국어 습득을 위한 저자의 체험과 외국어 달인들의 지혜

005 일본병 가네코 마사루, 고다마 다쓰히코 지음 | 김준 옮김
일본의 사회·문화·정치적 쇠퇴, 일본병

006 강상중과 함께 읽는 나쓰메 소세키 강상중 지음 | 김수희 옮김
강상중의 탁월한 해석으로 나쓰메 소세키 작품 세계를 통찰

007 잉카의 세계를 알다 기무라 히데오, 다카노 준 지음 | 남지연 옮김
위대하고 신비로운 「잉카 제국」의 흔적

008 수학 공부법 도야마 히라쿠 지음 | 박미정 옮김
수학의 개념을 바로잡는 참신한 교육법

009 우주론 입문 사토 가쓰히코 지음 | 김효진 옮김
물리학과 천체 관측의 파란만장한 역사

010 우경화하는 일본 정치 나카노 고이치 지음 | 김수희 옮김
낱낱이 밝히는 일본 정치 우경화의 현주소

011 악이란 무엇인가 나카지마 요시미치 지음 | 박미정 옮김
선한 행위 속에 녹아든 악에 대한 철학적 고찰

012 포스트 자본주의 히로이 요시노리 지음 | 박제이 옮김
자본주의·사회주의·생태학이 교차하는 미래 사회상

013 **인간 시황제** 쓰루마 가즈유키 지음 | 김경호 옮김
기존의 폭군상이 아닌 한 인간으로서의 시황제를 조명

014 **콤플렉스** 가와이 하야오 지음 | 위정훈 옮김
탐험의 가능성으로 가득 찬 미답의 영역, 콤플렉스

015 **배움이란 무엇인가** 이마이 무쓰미 지음 | 김수희 옮김
인지과학의 성과를 바탕으로 알아보는 배움의 구조

016 **프랑스 혁명** 지즈카 다다미 지음 | 남지연 옮김
막대한 희생을 치른 프랑스 혁명의 빛과 어둠

017 **철학을 사용하는 법** 와시다 기요카즈 지음 | 김진희 옮김
'지성의 폐활량'을 기르기 위한 실천적 방법

018 **르포 트럼프 왕국** 가나리 류이치 지음 | 김진희 옮김
트럼프를 지지하는 사람들의 생생한 목소리

019 **사이토 다카시의 교육력** 사이토 다카시 지음 | 남지연 옮김
가르치는 사람의 교육력을 위한 창조적 교육의 원리

020 **원전 프로파간다** 혼마 류 지음 | 박제이 옮김
진실을 일깨우는 원전 프로파간다의 구조와 역사

021 **허블** 이에 마사노리 지음 | 김효진 옮김
허블의 영광과 좌절의 생애, 인간적인 면모를 조명

022 **한자** 시라카와 시즈카 지음 | 심경호 옮김
문자학적 성과를 바탕으로 보는 한자의 기원과 발달

023 **지적 생산의 기술** 우메사오 다다오 지음 | 김욱 옮김
지적인 정보 생산을 위한 여러 연구 비법의 정수

024 **조세 피난처** 시가 사쿠라 지음 | 김효진 옮김
조세 피난처의 실태를 둘러싼 어둠의 내막

025 **고사성어를 알면 중국사가 보인다**
이나미 리쓰코 지음 | 이동철, 박은희 옮김
중국사의 명장면 속에서 피어난 고사성어의 깊은 울림

026 **수면장애와 우울증** 시미즈 데쓰오 지음 | 김수희 옮김
우울증을 예방하기 위한 수면 개선과 숙면법

027 아이의 사회력　가도와키 아쓰시 지음 | 김수희 옮김
아이들의 행복한 성장을 위한 교육법

028 쑨원　후카마치 히데오 지음 | 박제이 옮김
독재 지향의 민주주의자이자 희대의 트릭스터 쑨원

029 중국사가 낳은 천재들　이나미 리쓰코 지음 | 이동철, 박은희 옮김
중국사를 빛낸 걸출한 재능과 독특한 캐릭터의 인물들

030 마르틴 루터　도쿠젠 요시카즈 지음 | 김진희 옮김
평생 성서의 '말'을 설파한 루터의 감동적인 여정

031 고민의 정체　가야마 리카 지음 | 김수희 옮김
고민을 고민으로 만들지 않을 방법에 대한 힌트

032 나쓰메 소세키 평전　도가와 신스케 지음 | 김수희 옮김
일본의 대문호 나쓰메 소세키의 일생

033 이슬람문화　이즈쓰 도시히코 지음 | 조영렬 옮김
이슬람 세계 구조를 지탱하는 종교·문화적 밑바탕

034 아인슈타인의 생각　사토 후미타카 지음 | 김효진 옮김
아인슈타인이 개척한 우주의 새로운 지식

035 음악의 기초　아쿠타가와 야스시 지음 | 김수희 옮김
음악을 더욱 깊게 즐기는 특별한 음악 입문서

036 우주와 별 이야기　하타나카 다케오 지음 | 김세원 옮김
거대한 우주 진화의 비밀과 신비한 아름다움

037 과학의 방법　나카야 우키치로 지음 | 김수희 옮김
과학의 본질을 꿰뚫어본 과학론의 명저

038 교토　하야시야 다쓰사부로 지음 | 김효진 옮김
일본 역사학자가 들려주는 진짜 교토 이야기

039 다윈의 생애　야스기 류이치 지음 | 박제이 옮김
위대한 과학자 다윈이 걸어온 인간적인 발전

040 일본 과학기술 총력전　야마모토 요시타카 지음 | 서의동 옮김
구로후네에서 후쿠시마 원전까지, 근대일본 150년 역사

041 밥 딜런 유아사 마나부 지음 | 김수희 옮김
시대를 노래했던 밥 딜런의 인생 이야기

042 감자로 보는 세계사 야마모토 노리오 지음 | 김효진 옮김
인류 역사와 문명에 기여해온 감자

043 중국 5대 소설 삼국지연의 · 서유기 편 이나미 리쓰코 지음 | 장원철 옮김
중국문학의 전문가가 안내하는 중국 고전소설의 매력

044 99세 하루 한마디 무노 다케지 지음 | 김진희 옮김
99세 저널리스트의 인생 통찰과 역사적 증언

045 불교입문 사이구사 미쓰요시 지음 | 이동철 옮김
불교 사상의 전개와 그 진정한 의미

046 중국 5대 소설 수호전 · 금병매 · 홍루몽 편 이나미 리쓰코 지음 | 장원철 옮김
「수호전」, 「금병매」, 「홍루몽」의 상호 불가분의 인과관계

047 로마 산책 가와시마 히데아키 지음 | 김효진 옮김
'영원의 도시' 로마의 거리마다 담긴 흥미로운 이야기

048 카레로 보는 인도 문화 가라시마 노보루 지음 | 김진희 옮김
인도 요리를 테마로 풀어내는 인도 문화론

049 애덤 스미스 다카시마 젠야 지음 | 김동환 옮김
애덤 스미스의 전모와 그가 추구한 사상의 본뜻

050 프리덤, 어떻게 자유로 번역되었는가 야나부 아키라 지음 | 김옥희 옮김
실증적인 자료로 알아보는 근대 서양 개념어의 번역사

051 농경은 어떻게 시작되었는가 나카오 사스케 지음 | 김효진 옮김
인간의 생활과 뗄 수 없는 재배 식물의 기원

052 말과 국가 다나카 가쓰히코 지음 | 김수희 옮김
국가의 사회와 정치가 언어 형성 과정에 미치는 영향

053 헤이세이(平成) 일본의 잃어버린 30년 요시미 슌야 지음 | 서의동 옮김
헤이세이의 좌절을 보여주는 일본 최신 사정 설명서

054 미야모토 무사시 우오즈미 다카시 지음 | 김수희 옮김
『오륜서』를 중심으로 보는 미야모토 무사시의 삶의 궤적

055 만요슈 선집 사이토 모키치 지음 | 김수희 옮김
시대를 넘어 사랑받는 만요슈 걸작선

056 주자학과 양명학 시마다 겐지 지음 | 김석근 옮김
같으면서도 달랐던 주자학과 양명학의 역사적 역할

057 메이지 유신 다나카 아키라 지음 | 김정희 옮김
다양한 사료를 통해 분석하는 메이지 유신의 명과 암

058 쉽게 따라하는 행동경제학 오타케 후미오 지음 | 김동환 옮김
보다 좋은 행동을 이끌어내는 넛지의 설계법

059 독소전쟁 오키 다케시 지음 | 박삼헌 옮김
2차 세계대전의 향방을 결정지은 독소전쟁의 다양한 측면

060 문학이란 무엇인가 구와바라 다케오 지음 | 김수희 옮김
바람직한 문학의 모습과 향유 방법에 관한 명쾌한 해답

061 우키요에 오쿠보 준이치 지음 | 이연식 옮김
전 세계 화가들을 단숨에 매료시킨 우키요에의 모든 것

062 한무제 요시카와 고지로 지음 | 장원철 옮김
생동감 있는 표현과 핍진한 묘사로 되살려낸 무제의 시대

063 동시대 일본 소설을 만나러 가다 사이토 미나코 지음 | 김정희 옮김
문학의 시대 정신으로 알아보는 동시대 문학의 존재 의미

064 인도철학강의 아카마쓰 아키히코 지음 | 권서용 옮김
난해한 인도철학의 재미와 넓이를 향한 지적 자극

065 무한과 연속 도야마 히라쿠 지음 | 위정훈 옮김
현대수학을 복잡한 수식 없이 친절하게 설명하는 개념서

066 나쓰메 소세키, 문명을 논하다 미요시 유키오 지음 | 김수희 옮김
나쓰메 소세키의 신랄한 근대와 문명 비판론

067 미국 흑인의 역사 혼다 소조 지음 | 김효진 옮김
진정한 해방을 위해 고군분투해온 미국 흑인들의 발자취

068 소크라테스, 죽음으로 자신의 철학을 증명하다
다나카 미치타로 지음 | 김지윤 옮김
철학자 소크라테스가 보여주는 철학적 삶에 대한 옹호

069 사상으로서의 근대경제학　모리시마 미치오 지음 | 이승무 옮김
20세기를 뜨겁게 달군 근대경제학을 쉽게 설명

070 사회과학 방법론　오쓰카 히사오 지음 | 김석근 옮김
여러 사회과학 주제의 이해를 돕고 사회과학의 나아갈 길을 제시

071 무가와 천황　이마타니 아키라 지음 | 이근우 옮김
무가 권력과 길항하며 천황제가 존속할 수 있었던 이유

072 혼자 하는 영어 공부　이마이 무쓰미 지음 | 김수희 옮김
인지과학 지식을 활용한 합리적인 영어 독학

073 도교 사상　가미쓰카 요시코 지음 | 장원철, 이동철 옮김
도교 원전을 통해 도교의 전체상을 파악